Gabriele Metz

Katzen

Was Samtpfoten glücklich macht

KOSMOS

Inhalt

Katzen – ein Meisterwerk

Sprechen Sie Kätzisch?

Mit Katzen leben

Herzlich willkommen

Ernährung und Pflege

Gesundheit

Erziehung

Zucht

Service

Katzen – ein Meisterwerk

Ursprung

Um herauszufinden, wann Katzen erstmals ihre samtigen Pfoten auf die Erde setzten, muss man weit in der Geschichte zurückreisen. Mindestens 34 Millionen Jahre. Denn so alt sind die ältesten Spuren, die entfernte Vorfahren der Hauskatze hinterließen. Vermutlich handelte es sich hierbei um kleine Jäger, die zur Familie der Schleichkatzen gehörten. Angeblich hat auf der Insel Madagaskar sogar eine Zwischenform überlebt: die Frettkatze *(Cryptoprocta ferox)*.

Damals, im Zeitalter des Oligozäns, schlich *Proailurus* durch tropische Wälder. Er war hauskatzengroß und gilt als erster Vertreter der schnurrenden Zunft. Genau genommen der Gattung Felidae. Damit sind Katzen gemeint. Und sie gehören wiederum zur Oberfamilie der Katzenartigen (Feloidea).

Proailurus scheint sich recht lange behauptet zu haben, doch vor 24 Millionen Jahren übernahm ein anderer katzenartiger Jäger die Regie: *Pseudaelurus*. Es gab zwar noch eine zweite Linie, die Säbelzahnkatzen (Machairodontinae), doch die sind seit 10.000 Jahren ausgestorben.

Nicht so die Linie des *Pseudaelurus*. Aus einem seiner Nachfahren entwickelten sich die heutigen Hauskatzen. Sie eroberten seit dem Ende der Eiszeit fast alle Kontinente. Lediglich die Antarktis sagte ihnen nicht zu und auch Australien und die Inselwelt des Pazifiks (Ozeanien) wurden nur dank katzenfreundlicher Siedler mit den geschickten Mäusefängern versorgt.

Irgendwann entdeckten die unabhängigen Jäger offensichtlich die Vorteile eines domestizierten Lebens. Sie schlossen sich dem Menschen an, wenn auch nicht so bedingungslos wie zum Beispiel Hunde.

Im alten Ägypten wurden Katzen als Gottheiten verehrt.

Katzen gehören heute zu den beliebtesten Haustieren weltweit.

Kultobjekt

Seit mehreren tausend Jahren leben Katzen in menschlicher Gesellschaft. Die ältesten Darstellungen sind rund 8.000 Jahre alt. Sie stammen aus Anatolien (Vorderasien). Nur etwas jünger sind Abbildungen aus Jericho. Ein regelrechter Katzenboom brach jedoch erst später aus. Ungefähr 3000 v. Chr. erhoben die Ägypter die flinken Jäger in göttliche Sphären. Das hatte vor allem einen praktischen Nutzen, denn die Ägypter besaßen riesige Kornspeicher, die von Nagetieren bedroht wurden. Dieser Reichtum ließ sich am besten mit Katzen schützen. Denn die machten den gefräßigen Nagern den Garaus. Um 1800 v. Chr. erreichte der Katzenkult am Nil seinen Höhepunkt. Den Göttern wurden kleine Katzenfiguren als Opfergaben gebracht. Die einst löwenköpfige Göttin Bastet wurde zur Katzengottheit. Verstorbene Mäusefänger gingen sorgfältig einbalsamiert ins Reich der Toten ein. Und damit sie im Leben nach dem Tod nicht unter Hunger und Langeweile leiden mussten, legten die Ägypter einbalsamierte Mäuse und Spielzeuge als Grabbeigaben in die verzierten Särge. Verstarb eine Katze, rasierten sich ihre Besitzer als Zeichen der Trauer die Augenbrauen ab. In der ägyptischen Abteilung des Musée du Louvre in Paris gibt es eine eindrucksvolle Ausstellung mit vielen tollen Katzenexponaten.

Teufelswerk

Und wie sah es in anderen Ländern aus? Während Griechen und Italiener noch Frettchen und Schlangen als Nagervernichter einsetzten, begeisterten sich die Chinesen schon 600 v. Chr. für die geschickten Mäusefänger. 1.200 Jahre später erlangten Katzen in Japan Popularität – erst positive, dann auch negative. Man sprach ihnen dämonische Fähigkeiten zu. Der Eroberungszug ging weiter: Nordeuropa, die Arabische Halbinsel, England ... Bis zum Hochmittelalter (12./13. Jahrhundert) lief alles bestens. Doch dann wendete sich das Blatt: Katzen wurden als Komplizen des Teufels verdächtigt, verfolgt und getötet.

Liebenswerte Schönheiten

Etwas Unheimliches und Mythisches haftet Katzen nach wie vor in vielen Kulturen an. Doch seit über 200 Jahren steht eine ganz andere Bedeutung im Fokus: Künstler und Schriftsteller wie der französische Dichter Charles Baudelaire entdeckten Katzen als Musen und verehrten sie. Mit den ersten Rassekatzenausstellungen rückte gegen Ende des 19. Jahrhunderts die gezielte Zucht ins öffentliche Interesse. Bis zum heutigen Tag ist der Liebhaberkreis der schnurrenden Zunft beständig gewachsen.

Körperbau

Schnelligkeit und Flexibilität verschmelzen im Körper der Katze. Diese Eigenschaften sind Voraussetzungen für erfolgreiches Jagen. Und natürlich sind Katzen Jäger – höchst perfekte sogar. Auch wenn der Anblick üppig gebauter Britisch Kurzhaarkatzen oder langhaariger Perser das manchmal vergessen lässt. Auch ihre Körper sind von vielen Merkmalen fleischfressender Raubtiere geprägt. Und wenn es ums Mäusefangen geht, schneiden sie gar nicht so schlecht ab.

Das Hauptmerkmal des Fleischfressers ist sein kurzer, mit 30 Zähnen bestückter Kiefer. Mäuse blicken in ein mit 12 Schneidezähnen, 4 Reißzähnen und 14 Backenzähnen ausgestattetes Gebiss. Imposant! In Verbindung mit einer stark ausgeprägten Muskulatur schafft das optimale Voraussetzungen für den Tötungsbiss. Allerdings nicht zum Kauen. Deshalb setzen Katzen die Backenzähne des Ober- und Unterkiefers wie eine Schere ein, um Fleisch zu zerkleinern. Auch die raue Zunge der Katze ist hierbei behilflich. Sie raspelt das Fleisch einfach vom Knochen, bis er blitzblank ist.

Katzen gibt es fast auf der ganzen Welt, nur nicht in der Antarktis. In deutschen Haushalten leben allein 7,8 Mio. Tiere.

Unheimlich beweglich

Doch was wäre das beste Gebiss ohne einen Hochleistungskörper, der auf Beutefang ausgelegt ist? Hier erweisen sich Katzen als Meisterwerk der Evolution: 244 Knochen und 500 Muskeln ermöglichen pfeilschnelle, flinke Bewegungen. Hinzu kommt der spezielle Gang der schnurrenden Zunft. Katzen bewegen sich auf den Zehen fort. Das macht sie unheimlich schnell und verleiht ihnen Stabilität.

Auch die kurzen Schlüsselbeine haben ihren Sinn. Sie schenken den Schulterblättern und den Vorderbeinen einen sagenhaften Bewegungsspielraum. Präzise Manöver sind somit überhaupt kein Problem – auch wenn es gilt, sich auf engem Raum oder auf schwierigem Terrain fortzubewegen. Der extrem schmale Brustkorb gestattet es flinken Mäusefängern, durch die schmalsten Spalten zu schlüpfen.

Flexibles Rückgrat

Das wahre Geheimnis der erstaunlichen Beweglichkeit des Katzenkörpers liegt jedoch im Rückgrat verborgen. Die einzelnen Wirbel sind ganz locker miteinander verbunden und machen das Rückgrat ausgesprochen flexibel. Diese Flexibilität präsentiert sich am eindrucksvollsten, wenn Katzen einen Buckel machen oder sich im Schlaf kreisförmig zusammenrollen. Katzen können ihre Wirbelsäule bis zu 180 Grad weit winkeln – eine enorme Leistung.

Kraftzentrum

Die eigentliche Kraftzentrale des Katzenkörpers verbirgt sich jedoch in der Hinterpartie. Sie ermöglicht schnelle Spurts und hohe Sprünge. Katzen springen problemlos ohne Anlauf auf Höhen, die dem Fünffachen ihrer Körpergröße entsprechen. Beim Klettern helfen die scharfen, gebogenen Krallen. Aber nur, wenn es hinauf geht. Beim Abstieg muss sich die Katze schon umdrehen und rücklings den Baumstamm hinunterkraxeln, wenn die Krallen zusätzlichen Halt geben sollen. Krallen können aber noch viel mehr: Sie ermöglichen blitzschnelle Richtungswechsel, erfolgreichen Beutefang und können bei Rangkämpfen und anderen Auseinandersetzungen zu gefährlichen Waffen werden.

Nicht nur die Krallen sind spitz, sondern auch die unzähligen winzigen Stachel, die auf der Zunge der Katze sitzen. Mit ihnen werden Nahrung und Wasser transportiert. Fleischreste lassen sich mit ihnen ganz wunderbar vom Knochen raspeln. Außerdem sind diese Stacheln bei der Fellpflege behilflich. Sie entwirren das Fell und entfernen lose Haare.

Der wunderschöne Glanz gesunden Katzenfells wird unter anderem durch körpereigene, ölige Substanzen bewirkt.

Verführerische Düfte

An den Haarwurzeln befinden sich kleine Talgdrüsen, die eine ölige Substanz absondern. Diese wird durch das Belecken des Fells gleichmäßig verteilt und verleiht dem Haar einen wunderschönen Glanz. Am Kinn, am Schwanzansatz, zwischen den Augen und Ohren befinden sich weitere Drüsen. Sie sondern Sekrete ab, die im Leben der Katze eine wichtige Rolle spielen. Mit diesen Sekreten markieren Samtpfoten Reviere und übermitteln Artgenossen viele weitere Informationen. Sie beeinflussen das gesamte Sozialverhalten.

Katzen sind wahre Kletterkünstler.

Sinne

Wenn es um Sinnesleistungen geht, sind Katzen kaum zu übertreffen. Ihre Fähigkeiten sind auf diesem Gebiet so ausgeprägt, dass viele sogar an übersinnliche Fähigkeiten glauben. Das ist zwar sicherlich nicht der Fall, aber dennoch darf man über die vorhandenen Sinnesleistungen durchaus staunen. Zum Beispiel sehen Katzen im Dunkeln noch klar und deutlich, wenn das menschliche Auge bereits aufgegeben hat.

Wie gut muss man hören, um eine Maus zu orten? Außergewöhnlich gut. Katzen sind dazu in der Lage und übertreffen mit dieser Hörleistung nicht nur bei Weitem das menschliche Gehör, sondern auch das des Hundes. Wie funktioniert das?

Große, ausgeprägte Ohrmuscheln wirken wie ein Schalltrichter. Sie können mit über 20 Muskeln unabhängig voneinander bewegt und auf Geräusche ausgerichtet werden. Diesen Ablauf kann man beobachten, die Frequenzempfindlichkeit muss man jedoch messen. Und das haben Wissenschaftler längst getan. Mit einem erstaunlichen Ergebnis: Katzen können im höheren Frequenzbereich Töne zwischen 35 und 65 Kilohertz wahrnehmen. Bei Menschen liegt dieser Frequenzbereich zwischen 17 und 20 Kilohertz. Bei Hunden zwischen 15 und 35.

Katzen können Mäuse hören, die sich unter der Erde befinden.

Nachtsichtradar

Katzen sind Dämmerungsjäger. Deshalb müssen ihre Augen auch bei schlechten Lichtverhältnissen Höchstleistungen erzielen. Katzenaugen sind im Verhältnis zum Schädel recht groß. Auffallend ist, dass sie nach vorn gerichtet und extrem lichtempfindlich sind.

Der Sehwinkel des Katzenauges liegt bei circa 205 Grad. Typisch für einen Jäger, dessen visueller Fokus stets nach vorn gerichtet ist. Bei Beutetieren ist der Sehwinkel meistens größer. Viele Vögel haben einen 360-Grad-Sichtwinkel, um von hinten nahende Feinde rechtzeitig erspähen zu können. Das haben Katzen nicht nötig.

Katzenaugen ermöglichen nicht nur dreidimensionales Sehen, sondern erstaunen auch mit ihrer Lichtempfindlichkeit. Bis zu 50 Prozent mehr Licht fallen durch ihre Pupillen als durch das menschliche Auge. Wissenschaftler gehen davon aus, dass das Bild, das auf die Netzhaut der Katze projiziert wird, rund fünfmal heller ist als bei uns.

Die Lichtempfindlichkeit ist dem günstigen Verhältnis zwischen Stäbchen und Zapfen (lichtempfindliche Zellen der Netzhaut) zuzuschreiben. Bei Katzen liegt das Verhältnis bei 25 : 1. Bei Menschen bei 4 : 1.

Inwieweit das Farbsehvermögen bei Katzen ausgeprägt ist, konnte bislang noch nicht

Katzen verfügen über erstaunliche Sinnesleistungen.

vollständig erforscht werden. Zapfen, deren Empfindlichkeit auf Blau und Grün ausgerichtet ist, wurden entdeckt, aber bezüglich der anderen Farben herrscht noch Rätselraten. Es ist nicht auszuschließen, dass sie nur in unterschiedlichen Grauabstufungen wahrgenommen werden.

Mit viel Gefühl

Für Wärme, Kälte, Schmerz und Berührungen ist der Tastsinn zuständig. Er ist bei Katzen nicht merklich stärker ausgeprägt als bei anderen Fleischfressern. Am Kopf und an den Pfoten ist seine Sensibilität jedoch deutlich erhöht. Wärme und Kälte können mithilfe der Nervenrezeptoren an der Nasenspitze blitzschnell eingeschätzt werden.

Schnauz- und Tasthaare sind wichtig für die Orientierung. Mit ihnen erkunden Katzen Objekte und bewegen sich auch im Stockdunkeln sicher um Hindernisse herum. Die langen Tasthaare über den Augen helfen, Verletzungen zu verhindern. Wären sie nicht da, könnte die Katze mit den Augen irgendwo anstoßen und sich verletzen. Die steifen Schnauz- und Tasthaare sind sogar dazu in der Lage, Luftbewegungen wahrzunehmen.

Höchst sensibel sind auch die Katzenpfoten. Stubentiger setzen sie ein, um mit den haarlosen Fußballen Objekte zu inspizieren. Erst wenn der Pfotentest bestanden ist, nähern sie sich dem Objekt mit der Nase. So beugen sie Verletzungen im Gesicht vor.

Schmecken und Riechen

Wenn etwas zum Himmel stinkt, bekommen das Katzen schnell mit. Ihr Geruchssinn ist fantastisch ausgeprägt. Kein Wunder, dass sich Samtpfoten darauf verlassen. Geschmack und Geruch gehen Hand in Hand – deshalb stehen die Geschmacksrezeptoren am Zungenrand den rund 200 Millionen Geruchsrezeptoren der Nase in Nichts nach. Und dann gibt es bei Katzen noch eine Raffinesse, die sie in puncto Geruchs- und Geschmackswahrnehmung ganz nach vorn bringt: das Jacobson'sche Organ. Es befindet sich unterhalb der Nase und ist durch eine winzige Öffnung mit der Maulhöhle verbunden. Dieses Organ läuft zu Hochtouren auf, wenn die Katze flehmt. Dabei zieht die Katze die Oberlippe hoch. Oft ist das „starre Grinsen" eine Reaktion auf ungewöhnliche Gerüche.

Stubentiger haben einen hervorragenden Geruchssinn.

Auf der Jagd

Die Katze verkörpert das perfekte Raubtier. Das bezweifelt niemand, der einmal die Gelegenheit hatte, einen Vertreter der Gattung Felidae bei einem Beutezug zu beobachten. Lautloses, gezieltes Anpirschen, geduldiges Auflauern und schließlich: pfeilschnelles Zuschlagen. Diese Aneinanderkettung von Verhaltensmustern wiederholt sich mit verlässlicher Regelmäßigkeit, wenn die kleine Verwandte großer Raubkatzen ein potenzielles Opfer erspäht und dem Jagdtrieb verfällt.

Ist das Beutetier erst in den scharfen Fängen des Stubentigers gelandet, ergeht es ihm schlecht: Verzweifeltes Zappeln und klägliches Piepsen nützen wenig – vielmehr animieren sie die Katze dazu, ein für Tierfreunde grausam anmutendes Todesspiel zu beginnen. Mäuse erleiden in der Regel schier endlos viele Qualen, bis sie endlich durch einen gezielten Biss getötet und erlöst werden. Warum machen es Katzen den Mäusen eigentlich so schwer?

Mäusefangen liegt Katzen einfach im Blut.

Strafen nützt nichts

Die einzelnen Abläufe des Jagdverhaltens sind Verhaltensforschern hinreichend bekannt. Ob das todbringende Spiel auf uns brutal oder grausam wirken mag, ist zweitrangig. Letztendlich verhält sich eine Katze gemäß angeborener Verhaltensmuster – ihrer Natur –, und neuen wissenschaftlichen Erkenntnissen zufolge kann sie beim Anblick eines Beutetieres gar nicht anders reagieren, als es ihr angeborener Jagdinstinkt vorschreibt.

Die Tiefen des kätzischen Nervensystems

Forscher wissen bis heute nur wenig über die neurologischen Mechanismen, die das Jagdverhalten der Katze bestimmen.

Erst in den letzten Jahren begannen amerikanische Verhaltensforscher damit, das kätzische Nervensystem gezielt hinsichtlich seines Einflusses auf das Jagdverhalten zu untersuchen.

Jagen ist fast ein Reflex

Das Wesen des Raubtiers wird Katzen in die Wiege gelegt. Die neurologische Struktur ihres Gehirns ist nachweislich so konzipiert, dass bereits ein ganz kleines, sich bewegendes Objekt ausreicht, um angeborene Verhaltensmuster auszulösen.

Der amerikanische Verhaltensforscher und Tierarzt Dr. Nicholas Dodman ist davon überzeugt, dass Jagen und Angreifen in ihrem Ablauf einem Reflex ähneln. Aus diesem Grund müsse auch eine seit Jahren ausschließlich in der Wohnung gehaltene Katze auf den Anblick einer Maus mit spezifischen Verhaltensweisen reagieren. Zwar werde sie den kleinen Nager vermutlich nicht töten oder gar auf Anhieb fressen, aber zumindest werde sie ihn mit den Augen fixieren und spielerisch Jagd auf ihn machen. Der Tötungsakt selbst scheint hingegen erlernt und nicht angeboren zu sein.

Die Beute wird genüsslich verspeist.

Taub?

Verhaltensforscher haben außerdem herausgefunden, dass der Cochlea-Nerv bezüglich des Jagdverhaltens eine Rolle spielt: Der Cochlea-Nerv ist für die Übertragung von Tönen vom Ohr zum Gehirn verantwortlich. Diese Funktion ist sinnvoll, um die Lokalisierung etwaiger Beutetiere zu gewährleisten. Man darf nicht vergessen: Katzen sind sogar dazu in der Lage, die für das menschliche Gehör nicht wahrnehmbaren Ultraschalltöne zu registrieren, die bestimmte Nagetiere unter der Erde verursachen.

Nichts lenkt sie ab

Soald die Beute erspäht wurde, stoppt die elektrische Aktivität des Cochlea-Nervs; der Stubentiger ist in diesem Moment folglich so gut wie taub. Sämtliche Körperfunktionen, die nicht für den unmittelbaren Angriff wichtig sind, werden auf ein Minimum reduziert. Die Katze ist von der Kralle bis zur Ohrspitze auf einen blitzschnellen Angriff eingestellt. Nichts kann sie von diesem Vorhaben ablenken. Und das war wohl schon immer so.

Viele Fragen bleiben offen

Der Körperbau der Katze und allem voran ihr neurologisches System sprechen dafür, dass sie seit den frühesten Stufen ihrer Evolution ein Jäger war. Vor circa 30.000 Jahren wurde sie vermutlich zum reinen Fleischfresser. Der recht mickrige Zustand ihres Blinddarms (Caecum) gibt Hinweise, dass die Gabe, größere Mengen von Pflanzenfasern zu verdauen, vor langer Zeit verloren ging. Die Hauptnahrung des Stubentigers besteht aus Fleisch; pflanzliche Substanzen dienen lediglich als Ergänzung auf dem Ernährungsplan und eignen sich nicht als Alleinfuttermittel.

Nach wie vor sind nicht alle Geheimnisse des Jagdverhaltens gelüftet. Die Komplexität und Perfektion dieses neurologisch gesteuerten Ablaufs stellen die Verhaltensforschung vor eine ihrer schwierigsten Aufgaben.

Akrobaten

Wussten Sie, dass der Aufbau des Katzenskeletts dem menschlichen Körper ähnelt? Es gibt allerdings einen gravierenden Unterschied: Miezen haben 40 Knochen mehr als Menschen. Da die Wirbel nicht stark miteinander verbunden sind, kann sich „Kathinka“ spektakulär bewegen. Man denke nur an den Katzenbuckel oder daran, wie geschickt sich unsere schnurrenden Hausgenossen durch die engsten Durchgänge winden und auf die höchsten Bäume klettern.

Der geschmeidige Katzenkörper, der durchschnittlich drei bis sechs Kilogramm auf die Waage bringt, erfüllt alle Anforderungen eines Raubtieres mit außergewöhnlichem Klettervermögen.

Die enorme Kraft der Hinterbein- und Rückenmuskulatur macht Katzen zu ausgezeichneten Kletterkünstlern. Das Klettern wird meistens durch einen schwungvollen Sprung eingeleitet, weil das kleine Raubtier darauf erpicht ist, möglichst schnell an Höhe zu gewinnen.

Während des Sprungs werden bereits die spitzen Krallen der Vorderpfoten ausgefahren und bei der Landung in die Rinde des Baumes oder des Zaunpfahls geschlagen. Mithilfe aller Krallen geht es dann mit enormer Schubkraft hinauf zum Ziel.

Gut gesprungen ist halb gewonnen

Katzen verfügen über eine enorme Sprungkraft, die ebenfalls ihrer kräftigen Hinterbein- und Rückenmuskulatur zu verdanken ist. Der Sprung wird durch eine geduckte Körperstellung eingeleitet, bei der das Becken den Boden berührt. Knie-, Fuß- und Hüftgelenke werden angezogen und durch das Anspannen der Muskeln gedehnt, was ein rasantes Empor- beziehungsweise Voranschnellen des Körpers bewirkt.

Krallenzug um Krallenzug geht es hinauf

Die Krallen einer Katze sind messerscharfe Waffen und eine hervorragende Kletterhilfe. Sie dienen vorrangig der Verteidigung, dem Beutefang und dem Erklimmen hoher Bäume, allerdings werden sie auch eingesetzt, um sich am Untergrund festzukrallen oder sich nach Herzenslust zu kratzen.

Katzen sind ausgezeichnete Springer. Bevor sie zum Absprung kommen, klettern sie ein Stückchen kopfüber am Gegenstand hinunter.

Spitze Krallen geben sogar auf glatter Baumrinde Halt. So kann die Katze auch auf engem Raum und dünnen Ästen bequem die Gegend im Auge behalten.

Selbst glatte Baumrinden sind für eine geübte Katze kein Problem: Bei jedem Schritt bohren sich die spitzen Krallen mehrere Millimeter tief in die Rinde und ermöglichen der Katze einen problemlosen Aufstieg. Der Abstieg gestaltet sich wesentlich schwieriger: Katzenkrallen sind nach hinten gebogen, und folglich sind sie nicht sehr dienlich, wenn es darum geht, kopfüber vom Baum zu steigen. Aus diesem Grund bevorzugen vierbeinige Kletterkünstler, mit dem Hinterteil voran den Abstieg zu wagen. Dieses Prozedere sieht ein wenig ungeschickt aus und bereitet den meisten Katzen auch kein großes Vergnügen, aber was soll man gegen diese Laune der Natur unternehmen?

Wenn sich Minka überschätzt

Manche Gattungsvertreter bevorzugen einen rasanten Abgang. Dabei klettern sie tatsächlich kopfüber vom Baum, wobei man eher von „Hinunterrasen" als von Klettern sprechen sollte. Diese waghalsige Aktion ist nicht ganz ungefährlich und kann bei ungeschickten Katzen zu Verletzungen führen. Prellungen und Verstauchungen sind nicht selten.

Letztendlich gibt es auch Stubentiger, die todesmutig einen hohen Baum erobern und in luftiger Höhe plötzlich Angst vor der eigenen Courage bekommen. Klägliches Miauen und Maunzen signalisieren, dass sich der kleine Abenteurer nicht mehr traut, den Abstieg in Angriff zu nehmen. Manchmal muss tatsächlich die Feuerwehr gerufen werden, um den zu Tode verängstigten Jäger aus seinem luftigen Gefängnis zu befreien. Hoffentlich sieht das die Nachbarkatze nicht!

Eine sichere Landung

Die weich gepolsterten Ballen der Pfoten ermöglichen der Katze, sich fast völlig lautlos an ihr Opfer heranzuschleichen und auf gut gepolstertem Untergrund zu landen, wenn sie aus größerer Höhe – zum Beispiel von einem Baum oder einer Mauer – springt.

Die Fußballen unterteilen sich in ein festes Gewebekissen und eine robuste Hautstruktur, die die Pfoten des Stubentigers effektiv vor Verletzungen schützt. Die Ballen erfüllen hierbei gleich drei wichtige Funktionen: Sie fungieren als Stoßdämpfer, schützen die empfindlichen Zehenknöchelchen und eignen sich ganz hervorragend, um rasante Bremsungen einzulegen. Diese Grundvoraussetzungen ermöglichen der Katze, selbst bei hoher Laufgeschwindigkeit gewagte Manöver auszuführen. Schnelle Wendungen und plötzliches Abbremsen sind für einen Stubentiger kein Problem. Selbst beim Abstieg vom Baum sind rasante Richtungsänderungen möglich.

Der Abstieg fällt Katzen etwas schwerer als der Aufstieg.

Kunterbunte Vielfalt

Eine Perserkatze und eine Nacktkatze mögen unterschiedlich aussehen, doch sie haben Gemeinsamkeiten. Zugegeben: Der Körperbau und das Gesicht des Persers wirken opulenter als die grazilen Formen der Sphynx. Dennoch sind die Unterschiede zwischen beiden nicht so groß, wie man sie von Hunderassen kennt: Vergleichen Sie einen zwei Kilo schweren Chihuahua mit einem English Mastiff, der so viel wiegt wie ein Mensch. Mit dieser Bandbreite können Katzen nicht mithalten.

Es lag eben nie im Interesse des Menschen, den Körperbau der Katze maßgeblich zu verändern. Bei Hunden war das anders, weil man sie für unterschiedliche Einsatzbereiche benötigte. Aber: Obwohl sich der Körperbau aller Katzenrassen in gewisser Weise ähnelt, gibt es Unterschiede, die zum Teil auf verschiedene Klimabedingungen zurückzuführen sind. So zeigen Katzen aus kälteren Regionen einen stämmigen Körperbau und ein relativ langes Haarkleid. Wärmeres Klima führt zu einem schlanken Körperbau, kurzem Fell und dem Verlust der Unterwolle.

Rundliche Köpfe haben besonders viele Fans. Hier eine wunderschöne Britisch Kurzhaar mit eindrucksvollen Bernsteinaugen.

Neben den sogenannten Naturrassen gibt es natürlich Rassekatzen. Und obwohl diese traditionell eher in Häusern und Wohnungen als draußen gehalten werden, variieren sie im Typ. Das hat allerdings nichts mit dem Klima, sondern mit gezielter Zucht zu tun. Die moderne Rassekatzenzucht basiert auf drei Katzentypen: kräftige Europäische Kurzhaarkatzen, langhaarige Katzen aus Vorderasien und zierliche Schönheiten aus dem Fernen Osten. Sie alle waren schon auf den ersten Katzenausstellungen in der zweiten Hälfte des 19. Jahrhunderts zu sehen.

Grazil, sportlich oder opulent?

Eleganz zeichnet im Schlanktyp stehende Katzen aus. Hierzu gehören Siamkatzen, aber auch die anderen Mitglieder der Orientalenfamilie: Orientalisch Kurzhaar, Balinesen und Javanesen. Weitaus verbreiteter als schlanke Grazien sind mittelschwere Typen. Türkisch Angora, Ocicat, Korat, Somali, Russisch Blau … Viele der anerkannten Rassen gehören diesem Typ an.

Aber auch vierbeinige Wuchtbrummen sind auf dem Vormarsch. Auf Rassekatzenausstellungen sieht man gigantische Maine Coons, ausgesprochen große Norwegische Waldkatzen, und so mancher Britisch Kurzhaarkater verschlägt einem angesichts seiner üppigen Pfunde ebenfalls die Sprache.

Lebhafte Katzen toben sich gern im Garten aus. Die Ocicat, mit ihrer wunderschönen Tupfenzeichnung, befindet sich gerade auf der Pirsch. Ob die temperamentvolle Katze wohl ein Mäuschen erbeutet, das sie mit nach Hause bringen kann?

Charmant sind sie alle

Schlank, mittelgroß oder üppig proportioniert? Das ist dem persönlichen Geschmack überlassen. Alle drei Varianten haben ihren Reiz und bestechen durch ihren individuellen Charme. Vielleicht sollten Sie sich nicht nur vom Aussehen einer Katze blenden lassen: Ihr Charakter spielt für die Harmonie des Alltags eine entscheidende Rolle. Lieben Sie es turbulent oder ruhig und gemächlich?

Immer in Action

Langeweile? Unbekannt! Kontaktfreudige Katzen gehen offen auf Menschen zu. Und sie übernehmen gern die Regie im Haus. Der Tag beginnt mit voller Energie, und so endet er auch. Zwischendurch wird gespielt, getobt, geschmust und manchmal auch ein Nickerchen gehalten. Je mehr unternehmungslustige Spielgefährten vor Ort sind, umso besser. Ganz gleich, ob es Kinder, andere Katzen oder Hunde sind.

Leise Töne

Aber nicht jede Katze erobert ihr Umfeld im Sturm. Manche schätzen eher leise Töne und schleichen sich fast unbemerkt ins Herz ihres Menschen. Korat-Katzen und Singapuras genießen beispielsweise den Ruf, ein leises, anhängliches Wesen zu haben. Laute, aufdringliche Menschen verunsichern solche zarten Gemüter. Hier sind sensible Katzenhalter gefordert.

Die Ruhe selbst

Sie haben keine Lust, den ganzen Tag lang von einem vierbeinigen Energiebündel angetrieben zu werden? Sie wollen keine Rücksicht auf ein zart besaitetes Katzengemüt nehmen? Dann sollten Sie sich nach einer Samtpfote mit ausgeglichenem Gemüt umsehen. Einer Ragdoll oder Exotic Shorthair zum Beispiel. Auch Perser sind keine Hektiker. Norwegische Waldkatzen und Maine Coons haben oft ein gemäßigtes Temperament.

Langhaarkatzen

Opulenz und eine geradezu verschwenderische Haarpracht zeichnen Langhaarkatzen aus. Langhaarkatzen? Streng genommen gibt es da nur eine Rasse – Perser. Alle anderen fallen unter die Kategorien Semilanghaar beziehungsweise Halblanghaar oder Kurzhaar. Auch wenn das Fell von Türkisch Angora & Co. manchmal nicht viel kürzer ist als das der Perser. Langes Haar sieht toll aus, muss aber auch täglich gepflegt werden.

Perserkatzen gehören zu den ältesten Rassekatzen überhaupt. Viele andere züchterische Kreationen haben ihre Qualitäten dem Einfluss der üppig behaarten Charmeure zu verdanken. England gilt als die Heimat der schnurrenden Schönheiten. Vermutlich gelangten die ersten langhaarigen Eyecatcher aus der Türkei nach England. Die ausgefallenen Exporte wurden kurzerhand als Angorakatzen bezeichnet und ähnelten tatsächlich eher der Türkisch Angora als der typischen Perserkatze. Zur gleichen Zeit gelangten weitere Katzen mit sehr viel runderen Köpfen und noch dichterem Fell aus Persien nach England. Schon kam es zu Verpaarungen beider Rassen, weil beide langes Fell hatten und allem Anschein nach gut zueinanderpassten.

Königliches Vergnügen

Langhaarige Katzen waren zur damaligen Zeit eine Ausnahmeerscheinung, die prompt das Interesse des britischen Königshauses auf sich zog. Queen Victoria nannte ein blaues Perserpärchen ihr Eigen und avancierte für viele Katzenfreunde zum Vorbild. Überall wurde der Ruf nach ähnlichen Samtpfoten laut, nur war es überaus schwierig, welche zu bekommen.

Um 1870 konnte man von einer ernst zu nehmenden Zuchtszene sprechen, die gezielt versuchte, das unwiderstehlich niedliche Puppengesichtchen der Perserkatze zu erhalten und zu verbessern. Seitdem ist ein großes Stück Arbeit geleistet worden, das uns eine beeindruckende Katzenrasse beschert hat: Perserkatzen gibt es inzwischen in vielen Farben: Weiß, Schwarz, Blau, Rot, Creme, Chocolate, Lilac, alle Schildpattvariationen, alles als Bicolor, Harlekin oder Van, mit Tabbymuster, Silber, Golden und Colourpoint. Die Farbvarietät Silver Perser unterteilt sich in Chinchilla (die hellere Variante) und Shaded Silver (die dunklere Variante).

Perser gibt es in vielen schönen Farben, hier ein Schildpatt-Perser. Wer Perser hält, sollte Lust am Bürsten haben, denn die lange Wolle verfilzt schnell.

Für Freigang sind Perser aufgrund des langen Fells nur bedingt geeignet. Jeder Katzenfreund denkt mit Grausen an Kletten!

Plüschige Kurzhaar-Edition

Sie haben keine Lust, Ihre Katze täglich bürsten zu müssen, wollen aber nicht auf den Charme einer Perserkatze verzichten? Dann könnten Exotic Shorthairs genau das Richtige für Sie sein. Sie sind Perser im kurzhaarigen Gewand.

Exotic Shorthairs erfreuen die Herzen von Katzenliebhabern seit mehr als einem halben Jahrhundert. Entstanden sind sie in den USA, wo Züchter in den 50er-Jahren des 20. Jahrhunderts Perser mit American Shorthair-Katzen verpaarten. Der eigentliche Hintergrund des Ganzen war jedoch weniger, eine neue Rasse zu kreieren, sondern vielmehr, den Typ der American Shorthair zu verbessern. Ein runderer Kopf und ein seidigeres Fell sollten her, und das mithilfe des wertvollen Genmaterials der opulenten Perser.

Keine Energiebündel

Züchterische Ambitionen sind eine Sache, Liebhaberei ist eine andere. Viele beschreiben Exotic Shorthairs als ideale Familienkatzen, die auch ohne Freigang rundum glücklich sind. Die gedrungenen Stubentiger mit der breiten Brust sehen nicht nur ein bisschen behäbig aus, sie sind es auch. Gemütlichkeit wird auf jeden Fall großgeschrieben, und kuschelige Schmusestündchen auf der Couch sind begehrter als unermüdliche Action.

Familienkatzen

Das freundliche, unaufdringliche Wesen prädestiniert Exotic Shorthairs als Familienkatzen. Sie integrieren sich mit Charme und Unauffälligkeit in das Leben ihrer Menschen. Ihr sanftes Gemüt geht mit einer relativ hohen Reizschwelle einher, was nicht zuletzt Familien mit Kindern zugute kommt. Allerdings sollten die dickpfotigen Bärchen einen ungestörten Platz besitzen, an dem sie ihre uneingeschränkte Ruhe haben. Ansonsten kann auch ihnen Trubel ganz schön an die Nieren gehen.

Was andere Haustiere und Artgenossen angeht, gelten Exotic Shorthairs als äußerst verträglich und sozial eingestellt. Ihre Robustheit hilft beim Umgang mit lebhafteren Vierbeinern, und ihre Neugierde sorgt dafür, dass stets Interesse für die Umwelt besteht.

Feuerwerk der Farben

Was Charme und Liebreiz angeht, sind die Katzen mit dem Kindchenschema schwer zu schlagen, aber auch die Optik lässt kaum Wünsche offen. Immerhin bestechen die rundlichen Amerikaner nicht nur durch ihren knuddeligen Körperbau, sondern auch durch eine atemberaubende Farbvielfalt. Exotic Shorthairs sind längst in allen Farben der Perser anerkannt. Auf Katzenausstellungen sind sie oft in großer Vielfalt zu bewundern.

Halblanghaarkatzen

Sie sind die Shootingstars des letzten Jahrzehnts und haben anderen Rassen ganz schön Konkurrenz gemacht: Halblanghaarkatzen – auch Semilanghaar genannt – erleben seit Jahren einen Boom. Insgesamt gehören neun Rassen zu dieser Kategorie. Norwegische Waldkatzen zählen neben Maine Coons zu den beliebtesten Halblanghaarkatzen. Aber auch Heilige Birmas, Ragdolls, Türkisch Angora und Sibirer haben auf der ganzen Welt glühende Verehrer.

Eigentlich sind sie Nordlichter, denn Norwegische Waldkatzen stammen aus dem schönen Skandinavien. Dichte Nadelwälder, idyllische Fjorde, rustikale Bauernkaten ... Das war ursprünglich die Heimat der liebenswerten Halblanghaarkatzen mit den lustigen Büscheln auf den Ohren.

Wie die fröhlichen Waldschrate dorthin gekommen sind, weiß niemand. Experten vermuten, dass die Vorfahren der Norwegischen Waldkatzen aus Mitteleuropa stammten. Sie sollen sich über viele Jahrzehnte hinweg an die rauen Lebensbedingungen gewöhnt haben. Klirrende Kälte während der Wintermonate, heiße Sommertage – da ist ein Wechselpelz angesagt, und den legten sich die vierbeinigen Herzensbrecher auch ganz schnell zu. Im Winter umhüllt sie ein kuschelig warmes, relativ langes Haarkleid mit viel Unterwolle und Wasser abweisendem Deckhaar; der luftigere Sommerdress sorgt für angenehme Kühlung.

Türkisch Van-Katzen gehören zu den Halblanghaarkatzen und sie sind sehr unternehmungslustig. Ihr Fell ist weiß mit roten Abzeichen.

Zauberhaft

Und was hat das Ganze mit den sagenhaften Zauber-, Feen- und Trollkatzen zu tun, die immer wieder im Zusammenhang mit Norwegischen Waldkatzen zitiert werden? Darüber gibt die „Edda“ Auskunft. Die auf Altisländisch verfasste Schriftensammlung aus dem 9. Jahrhundert gilt als wichtigste Quelle altnordischer Mythologie. In der Edda geht es jedoch nicht nur um Heldentaten, sondern auch um langhaarige Katzen, die den Streitwagen der schönen Göttin Freyja gezogen haben sollen. Will man der Legende Glauben schenken, könnte es sich um Vorfahren der Norwegischen Waldkatzen gehandelt haben.

Kurzhaar-Boom

Das eine mag an fantastische Verklärung grenzen, aber das andere ist sicher: Halblanghaarige Katzen sind skandinavischen Bauern seit langer Zeit bekannt.

Die flinken Mäusefänger erfreuten sich auf den Gehöften größter Beliebtheit und gingen ganz nach Lust und Laune ein und aus. Da sich jedoch niemand um die gezielte Zucht dieser Naturrasse kümmerte, kam es zunehmend zu einer Vermischung mit kurzhaarigen Katzen, die ebenfalls ein Faible für die landschaftliche Schönheit Skandinaviens hatten. Nicht schlimm? Doch! Denn bei der Verpaarung von halblanghaarigen Schönheiten mit den Verwandten im kurzen Dress entsteht kurzhaariger Nachwuchs. Die opulente Haarpracht bleibt somit irgendwann vollends auf der Strecke.

Ursprünglichkeit erhalten

Zum Glück gab es doch einige Semilanghaar-Fans, die das Potenzial der skandinavischen Samtpfoten erkannten und zu ihrer Rettung antraten. Das war in den 30er-Jahren des 20. Jahrhunderts. Man betrachtete Norwegische Waldkatzen als natürlich entstandene Rasse und setzte sich zum Ziel, diese Ursprünglichkeit durch gezielte Zucht zu erhalten. Kurz vor Ausbruch des Zweiten Weltkriegs war es so weit: Die ersten Norwegischen Waldkatzen konnten auf einer Osloer Rassekatzenausstellung präsentiert werden. Doch damit war die Rasse noch nicht anerkannt. Die offizielle Anerkennung erfolgte erst 40 Jahre später. Deshalb werden die Anfänge der Zucht offiziell auf den Anfang der 70er-Jahre datiert. Als Startschuss gilt die Verpaarung von Pans Truls und Pippa av Skoppus, durch die 1974 Pjewiks Troll und Pjewiks Nisse das Licht der Welt erblickten.

Halblanghaarige Rassen

- American Curl Longhair/Shorthair
- Maine Coon
- Norwegische Waldkatze
- Ragdoll
- Heilige Birma
- Sibirische Waldkatze
- Türkisch Angora
- Türkisch Van

Norwegische Waldkatzen gehören zu den beliebtesten Rassen überhaupt.

Und dann ging's los

Gut, die Anerkennung hatte lange gedauert, aber dann erfolgte eine regelrechte Blitzkarriere. Norwegische Waldkatzen wurden immer beliebter. Heute gehören sie neben Maine Coons zu den populärsten Rassekatzen überhaupt. Die großen kräftigen Gesellen mit dem unverwechselbaren Fell sind Everybody's Darling. Denn nur sie haben doppeltes Fell, das sich aus halblangem, leicht fettigen Deckhaar und flauschiger Unterwolle zusammensetzt. Die Unterwolle läuft im Winter zu Hochtouren auf, um die Katze vor Kälte zu schützen. Eine tolle Zeit für Norweger-Fans, denn dann kommen die üppige Halskrause, die als Knickerbocker bezeichneten Höschen und der verschwenderische Brustlatz besonders gut zur Geltung. Im Sommer ist all das eher schwach ausgebildet, aber auch das kann der Schönheit einer norwegischen Diva keinen Abbruch tun. Und es gibt noch eine norwegertypische Eigenart: die Schneeschuhe. Norwegische Waldkatzen haben unter den Pfötchen lange Haarbüschel, die das Einsinken in tiefen Pulverschnee verhindern. Diese Raffinesse kommt hier allerdings nur selten zu Ehren.

Kurzhaarkatzen

Kurzes Fell ist pflegeleicht. Genau genommen müssen kurzhaarige Katzen fast gar nicht gebürstet werden. Sie kommen ganz wunderbar allein zurecht. Was ihrer Attraktivität nicht schadet. Im Gegenteil: Kurzhaarige Schönheiten haben nach wie vor einen großen Liebhaberkreis. Das gilt ganz besonders für die Britisch Kurzhaar – die üppige Schönheit von der Themse. Aber auch seltenere Kurzhaar-Schönheiten wie Burmillas und Korats haben ihren Reiz.

Alles an ihnen ist rund: die Pfoten, der Kopf, die keck blickenden Augen ... Britisch Kurzhaarkatzen sind einfach die Wuchtbrummen der Katzenwelt. Wer es kuschelig und anschmiegsam mag, ist bei ihnen genau an der richtigen Adresse. Denn sie sehen nicht nur aus wie plüschige Teddybären, auch ihr Wesen ist nicht minder ansprechend.

Wenn es um runde, massive Schädel geht, kann vielleicht noch die gute alte Europäisch Kurzhaar (EKH) mit der Britisch Kurzhaar (BKH) mithalten. Ansonsten sieht es „mau“ aus in der schnurrenden Zunft. Die kurze breite Nase, die eigentlich recht gerade ist, aber trotzdem die rassetypische Einbuchtung zeigt, trägt ganz maßgeblich zum püppchenhaften Profil der bärenstarken Samtpfoten bei. Perfekt passend hierzu wartet die BKH mit einem kräftigen Kinn auf, dessen markanter Charakter in der Gesamtoptik durch die kleinen, an den Spitzen abgerundeten Ohren ausgeglichen wird. So entsteht im Einklang mit dem ausgesprochen muskulösen, gedrungenen Körper ein harmonisches Gesamtbild, das auf kurzen, stämmigen Beinchen thront. Welcher Katzenfreund würde bei solch einem Anblick nicht in Entzücken versetzt?

Burmillas sind wunderschöne, aber relativ kleine Katzen.

Herrliche Farben

Die stattliche Statur mit dem Charakterkopf ist nicht alles, was die BKH zu bieten hat: Die Rasse kommt in einer herrlichen Farbvielfalt daher. Neben Weiß, Schwarz, Blau, Rot und Creme gibt es BKHs auch in Schwarz-Schildpatt, Blau-Schildpatt, Chocolate und Chocolate-Schildpatt. All diese Farben existieren auch mit Weiß als Bicolor oder Tricolor und als Colourpoint. Und damit nicht genug: Auch Tabby, Silver-Shaded und Chinchilla mit schwarzem, blauem oder rot-cremefarbenem Tipping, Smoke, Golden Shell und Shaded in Schwarz oder Blau sowie alle Farben zusammen mit allen verschiedenen Tabbymustern gehören zum Repertoire.

Snowshoe-Katzen werden vor allem in den USA gezüchtet.

Und diese wunderbaren Farben sehen nicht nur toll aus, sondern fühlen sich auch noch besonders kuschelig an. BKHs haben zwar kurzes Fell, es ist aber weit davon entfernt, deswegen weniger flauschig zu sein. Das kurze, dichte Haar liegt nicht flach an, sondern ist leicht aufgerichtet, was für einen unverwechselbaren Plüscheffekt sorgt. Hierzu trägt nicht zuletzt auch die gut entwickelte Unterwolle bei.

Ein Quell der Ruhe

Nur, damit keine Missverständnisse aufkommen: Britisch Kurzhaarkatzen mögen zwar mitunter auch lebhaft und draufgängerisch sein, sie wirken aber nie nervös oder gar überdreht. Vergleicht man sie mit springlebendigen Rassen wie beispielsweise Javanesen, Siamkatzen oder Abessiniern, dürfte schnell klar werden, dass BKHs im Vergleich dazu fast eine meditative Ruhe ausstrahlen können. Ihre Temperamentsausbrüche erfolgen eher schubweise und legen sich auch wieder. Diese Eigenschaft prädestiniert die rundlichen Briten auch für ein Leben in Haushalten von Menschen, denen eine aufgedrehte Katze viel zu anstrengend wäre. Dennoch schätzen die Briten einen engen Familienanschluss und lieben ihre Menschen.

Herkunft

Wenn man die Eigenschaften der BKH analysiert, erscheint es verwunderlich, dass britische Straßenmiezen an ihrer Entstehung beteiligt waren. Hinzu kam der Einfluss edler Rassekatzen wie zum Beispiel Perser, Siam und Angora. All das geschah vor über 100 Jahren, und inzwischen gehört die BKH weltweit zu den beliebtesten Rassekatzen.

Kurzhaarrassen

- Abessinier
- Bengalen
- Britisch Kurzhaar
- Burma
- Burmilla
- Cornish Rex
- Devon Rex
- Egyptian Mau
- German Rex
- Korat
- Ocicat
- Russisch Blau
- Snowshoe
- Sokoke
- Somali
- Japanese Bobtail
- Kurilisch Bobtail
- Manx

Gerüchte rund um die Katz

Man sagt ihnen nach, sie hätten sieben Leben und verfügten über den sechsten Sinn. Katzen müssen ja wahre „Wunderknubbel“ sein, wenn man diesen Gerüchten glaubt. Doch damit nicht genug: Angeblich stürzen sie aus großer Höhe auf Asphalt, ohne sich zu verletzen – grober Unfug! Nach wie vor gibt es Menschen, die ihre Katze unkastriert hinauslassen, weil es angeblich gut sei, wenn sie einmal Junge bekommt – reinster Schwachsinn.

Katzen finden immer wieder nach Hause?

Unsinn: Es gibt keinen einzigen nachweisbaren Fall, in dem eine Katze eine Strecke von mehreren hundert Kilometern zurücklegte, um wieder in ihr altes Revier zu gelangen. Aber wie so oft gibt es einen wahren Kern: Studien des Zoologischen Instituts der Universität Kiel bekräftigten, dass Testkatzen, die eine Distanz von fünf Kilometern auf „eigenen Pfoten“ zurücklegen mussten, dies fast ausnahmslos bewältigten, eine andere Testphase mit einer Distanz von zwölf Kilometern jedoch bereits weitaus weniger erfolgreich verlief.

Auf dem Heimweg verirrt? Es ist ein Gerücht, dass Katzen über viele Kilometer lange Strecken nach Hause finden. In einem Radius von fünf Kilometern schaffen sie es meist, zu Hause anzukommen. Ist die Distanz größer, wird es auch für Mieze schwierig.

Lieblingsspeise „Mäuse"?

Das ist ein fataler Fehler. Es stimmt zwar, dass Katzen von Natur aus Raubtiere sind, die sich von Mäusen ernähren, aber diese natürliche Form der Versorgung ist heute nur noch in Ausnahmefällen möglich. Nämlich dort, wo es tatsächlich ein ausreichendes Angebot an Mäusen gibt, die nicht von Pestiziden belastet sind. Leider werden die meisten Felder gespritzt, sodass es nur noch wenig „Öko-Mäuse" gibt.

Ein Korb voller Kätzchen

Unfug. In Wirklichkeit steht hinter dieser aus tierärztlicher Sicht nicht vertretbaren Meinung oft ein ganz anderer Grund: Man möchte sich am Anblick niedlicher kleiner Kätzchen erfreuen. Abgesehen vom Wunsch nach einer gezielten Zucht gibt es keinen plausiblen Grund, eine Katze nicht kastrieren zu lassen. Kastrierte Stubentiger sind sogar anhänglicher, ausgeglichener und weniger anfällig für Gebärmutterentzündungen als unkastrierte.

In luftigen Höhen: Leider sind auch Stubentiger nicht vor Abstürzen gefeit und müssen sich gut festkrallen.

Die Jagd nach Mäusen macht Spaß, alleiniges Nahrungsmittel sollten sie jedoch nicht sein. Nach dem Freigang freut sie sich auf Katzenfutter.

Milchtrinker?

Ein Irrglaube mit Tradition. Aber er hat einen wahren Kern: Stubentiger mögen den Geschmack von Kuhmilch und trinken sie natürlich auch, wenn man sie ihnen vorsetzt. Breiiger Kot oder sogar Durchfall sind die Folge.

Wenn wir hier von Milch sprechen, ist Kuhmilch gemeint. Katzenmilch entspricht in ihrer Zusammensetzung den Bedürfnissen des Stubentigers. Mit Kuhmilch hingegen verhält es sich anders: Sie enthält eine hohe Konzentration an Milchzucker (Lactose). Milchzucker ist ein Doppelzucker, der sich aus Galactose und Glucose zusammensetzt. Um diese Verbindung aufzuspalten, benötigt man das Enzym Lactase (Galactosidase). Ist dieses Enzym – wie bei Katzen – gar nicht oder in zu geringer Konzentration vorhanden, kann der Milchzucker nicht verwertet werden.

Katzen überstehen auch Stürze aus großer Höhe unverletzt?

Auch das ist Unsinn! Kieferbrüche, Herzbeutelabrisse, Bänderüberdehnungen, innere Verletzungen, oftmals mit Todesfolge sind die Realität.

Sprechen Sie Kätzisch?

Körpersprache

Katzen artikulieren sich zwar nicht mit Worten, dafür spricht ihr Körper Bände. Gute Laune, schlechte Laune, Jagdlust, Aggression, Paarungsbereitschaft und viele andere Gemütslagen werden unmissverständlich mithilfe der Körpersprache mitgeteilt. Artgenossen verstehen diese Sprache in der Regel. Menschen müssen erst lernen, sie richtig zu deuten. Prägen Sie sich Mimik und Körpersprache gut ein. Dann fällt es Ihnen leichter, die Signale von Katzen richtig zu deuten.

Verteidigung

Dieser Burmakater ist in Verteidigungsstellung – einer Unterwürfigkeitsgeste. Ganz typisch ist die geduckte Körperhaltung. Die Ohren werden angewinkelt. Der Blick ist auf den Gegner gerichtet, wobei die Pupillen vergrößert sind. Wenn ein Angriff erfolgt, würde er sich von vorn nach hinten auf den Boden fallen lassen und mit den Pfoten zuschlagen.

Jagd

Diese Katze zeigt eine Facette des Jagdverhaltens. Ihre Aufmerksamkeit ist auf die Beute gerichtet. Sie verharrt regungslos, wobei jede Faser ihres Körpers gespannt ist. Der Schwanz zuckt erwartungsvoll hin und her. Die Hinterbeine sind bereit zum Absprung, während die rechte Vorderpfote angewinkelt ist, um blitzschnell zuschlagen zu können. Der Körper ist auf Angriff eingestellt.

Freundlich und aufmerksam

Freundlich und entspannt wirkt diese Katze. Ihre Ohren sind aufmerksam nach vorn gerichtet. Ihre Augen blicken ruhig und die beiden Vorderpfoten ruhen lässig nebeneinander. Dennoch sind ihre Sinne geschärft und sie bekommt alles mit.

Unwohlsein

Unwohlsein äußert sich mit einer klaren Körpersprache. Wenn sich eine Katze elend fühlt, weil sie krank oder verletzt ist, nimmt sie eine kauernde Stellung ein. Das macht sie auch, wenn sie sich erbrechen muss. Das Hinterteil ist hierbei fast bis auf den Boden abgesenkt, während die Vorderbeine leicht gewinkelt aufrecht stehen. Die Rückenlinie verläuft gekrümmt, der Kopf ist gesenkt. Die Katze macht Würgegeräusche, denen manchmal klägliches Maunzen vorausgeht. Hat das Unwohlsein nichts mit Erbrechen zu tun, kauert die Katze mit dem gesamten Körper dicht am Boden. Hält dieser Zustand länger an, sollte man die Katze auf jeden Fall einem Tierarzt vorstellen. Häufiges Unwohlsein kann ein Anzeichen für eine Erkrankung sein. Eine frühzeitige Behandlung vermag womöglich, Spätschäden zu verhindern.

Spielerischer Angriff

Was bei dem Kätzchen putzig aussieht, ist spielerisches Aggressionsverhalten. Es zeigt die Breitseitenstellung. Gleichzeitig legt es die Ohren zurück und richtet den Schwanz auf. So werden später Artgenossen provoziert.

Wohlfühlen

Wohliges Rekeln, gespreizte Zehen, entspannt gewinkelte Ohren – diese Burmilla fühlt sich rundum wohl und absolut sicher. Vertrauensvoll streckt sie ihren Körper aus, blinzelt mit den ausdrucksvollen Augen und schnurrt vergnügt. Diese Körpersprache signalisiert mit jeder Pore Wohlbefinden.

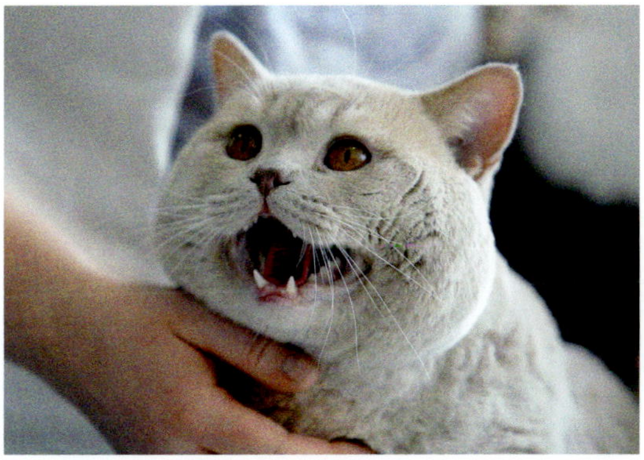

Verhaltensmerkmale zusammengefasst

Aggression

- nach außen gedrehte Ohren
- zu Schlitzen verengte Pupillen
- starrer Blick
- Buckel
- aufgestellte Haare (Bürste)
- steif aufgerichtete Beine
- breit gefächerte Schnurrhaare
- Knurren und Fauchen

Angst

- flach an den Kopf gelegte Ohren
- große Pupillen
- der Blick weicht aus
- geduckte Haltung
- zurückgelegte Schnurrhaare
- Schnurren

Wohlbefinden

- aufgerichtete Ohren
- offener Blick
- normal anliegendes Fell
- entspannte Körperhaltung
- Schmusen
- Schlafen
- seitlich gefächerte Schnurrhaare
- Schnurren
- freundliches Maunzen, Gurren
- ruhiger Blick

Hecheln

Nein, das ist kein Fauchen, sondern Hecheln. Beim Fauchen wären die Ohren entweder flach an den Kopf angelegt oder seitlich angewinkelt. Hecheln zeigen Katzen bei großer Hitze, nach körperlichen Anstrengungen und bei Stress. Wenn Katzen hecheln, erinnern sie an Hunde. Das Maul bleibt offen. Die Zunge bewegt sich im Atemrhythmus auf und ab. Die erhöhte Atemfrequenz ist am ganzen Körper zu sehen.

Meister der Entspannung

Eine wohlig auf dem Kissen zusammengerollt schlafende Katze strahlt reinste Harmonie aus. Auch wenn sie sich behäbig rekelt, ihre Zehen spreizt und dazu leise schnurrt, schlägt das Herz des Katzenliebhabers höher. Und nicht nur das: Stress, Ärger und Anspannung verschwinden auf wundersame Weise. Katzen sind wahre Meister der Entspannung. Und das färbt auch auf ihre Besitzer ab. Wer Katzen hält, weiß genau, wie er Stress bekämpfen muss.

Haben Sie schon einmal genau beobachtet, wie sich eine Katze verhält, die sich rundum wohlfühlt? Ihr ganzer Körper wirkt völlig entspannt, während ein anhaltendes, tiefes Schnurren erklingt. Die Atmung geht langsam und gleichmäßig; Puls und Blutdruck arbeiten im niedrigen Bereich. Dieser Zustand kann schnell in erfrischendes Dösen oder einen tiefen, erquickenden Schlaf übergehen.

Auch die Pfotenhaltung der Katze spricht Bände, wenn es um das Erkennen der jeweiligen Stimmungslage geht. Fühlt sich der Stubentiger wohl, sind die Pfoten breit und geöffnet. Immer wieder werden die spitzen Krallen gefühlvoll ausgefahren, sanft in den Untergrund gebohrt und wieder eingezogen.

Sanftes Tätzeln

Mit wachsendem Wohlbefinden nimmt die Bewegungsfreude der Vorderbeine zu. Wenn alles im Lot ist, drücken Samtpfoten beide Vorderbeine abwechselnd ins Kissen, um ihrer Zufriedenheit Ausdruck zu verleihen. Manche nennen das „Milchtritt“, andere sprechen von Tätzeln, Treteln oder Treten. Obwohl es stimmt, dass kleine Kätzchen beim Saugen mit den Vorderbeinchen rhythmisch arbeiten, um den Milchfluss der Zitze zu stimulieren, trifft die Theorie, dass tätzelnde Katzen nicht genügend gesäugt wurden, sicherlich nicht auf alle Stubentiger zu.

Zärtlichkeiten

Da Miezen, die zum Schmusen aufgelegt sind, blicken uns freundlich in die Augen und nähern sich mit erhobenem Schwanz, was Kontaktfreude und Zuneigung ausdrücken soll. Wenn sie ihr Köpfchen zart an unserer Hand reiben und sich mit dem ganzen Körper seitlich gegen uns drücken, können wir sicher sein, dass es unserem Liebling gut geht.

Rekeln und Strecken beherrschen Katzen wie kaum ein anderer. Ein herzhaftes Gähnen mit offenem Mäulchen steckt jeden Beobachter an.

Nun dauert es nur noch kurze Zeit, und schon wird sich die schmusewillige Katze auf die Seite fallen lassen und womöglich sogar ihr Bäuchlein präsentieren. Dies ist ein großer Vertrauensbeweis, denn der Bauch gehört zu den sensibelsten Körperregionen eines Raubtieres und wird nur ungern ungeschützt entblößt.

Rekeln und Strecken

Ist es nicht herrlich, wie sich Stubentiger räkeln und strecken? Ihr Körper erreicht eine beachtliche Länge und die Vorder- und Hinterbeine scheinen einen Streckenrekord auf den Teppich legen zu wollen. Auch diese Verhaltensweise ist ein eindeutiges Anzeichen für Wohlbefinden und ausschließlich bei Samtpfoten zu beobachten, die sich sicher fühlen und mit jeder Pore ihres Körpers Zufriedenheit ausstrahlen.

Beim Rekeln und Strecken wird man sich der enormen Beweglich- und Geschmeidigkeit des Katzenkörpers bewusst. Katzen beherrschen übrigens einen ganz besonderen Trick, bei dem wir Menschen das Nachsehen haben: Sie können beide Körperhälften in verschiedene Richtungen bewegen und sich mithilfe dieser Technik durch die kleinsten Zwischenräume quetschen.

Zeit für Wellness

Das Bild einer zufriedenen Katze wäre nicht vollständig gezeichnet, wenn wir unser Augenmerk nicht auch den zarten Ohren und filigranen Schnurrhaaren zuwenden würden. Nach vorn beziehungsweise leicht nach außen gerichtete Ohren signalisieren eine exzellente Stimmungslage und verheißen in Kombination mit seitwärts stehenden, leicht gefächerten Schnurrhaaren nicht anderes als „Wellness-Time“.

Liebevolles Blinzeln

Auch das liebevolle Augenblinzeln wird als Zeichen größten Wohlbefindens begeistert eingesetzt. Zwinkern Sie freundlich zurück, wenn Ihnen eine Katze schöne Augen macht. Dann weiß sie, dass ihr keine Gefahr droht und sie sich voller Vertrauen annähern kann.

Anstarren würde übrigens genau das Gegenteil bewirken: Unter Katzen gleicht es einer Provokation und geht oft einem Dominanzkampf voraus. Folglich reagieren Stubentiger auch verunsichert, wenn sie von einem Zweibeiner angestarrt werden. Ob er wohl droht?

Ein kurzes Lecken, die Augen geschlossen: Lucy ist bereit für ihr Mittagsschläfchen, das sie in der warmen Oktobersonne genießt.

So ein Schläfchen kann dauern. Katzen dösen ziemlich oft am Tag. Allerdings sind sie schlagartig wieder bei der Sache, wenn etwas Aufregendes geschieht.

Angsthasen

Angst ist eine natürliche Emotion, die nicht nur unangenehm ist, sondern eine positive Eigenschaft erfüllt: Sie ist ein Warnsignal, das eine Fluchtreaktion oder einen Angriff auslösen kann. Kein Lebewesen würde überleben, sollte es sich angstfrei in waghalsige Situationen begeben. Die Emotion Angst existiert aber nicht nur bei „Wildlingen". Auch Hauskatzen kennen sie nur zu gut und reagieren dementsprechend, wenn ihr zentrales Nervensystem Alarm schlägt.

Solange sich Angst im normalen Rahmen meldet – zum Beispiel beim Tierarztbesuch oder beim Anblick eines angriffsbereiten Hundes –, ist die Welt in Ordnung. Nimmt sie jedoch überhand oder sogar krankhafte Züge an, stehen Katze und Besitzer vor einem Problem.

Auswege aus der Misere? Die gibt es. Sie werden beispielsweise bei kompetenten Tierpsychologen gefunden. Sie können aber auch selbst aktiv werden und Ihrem Stubentiger rein naturheilkundlich den Rücken stärken. Die sanfte Medizin bietet eine Vielzahl von Behandlungsansätzen, die helfen können, Ängste abzubauen. Die Bach-Blüten Aspen, Mimulus und Star of Bethlehem gelten sogar als wahre Wunderwaffen gegen Angst.

Ursachen

Krankhafte Ängste können unterschiedliche Ursachen haben. Selten ist dieses Verhalten angeboren. Meistens entwickelt es sich aufgrund von Umwelteinflüssen und zeigt dabei eine zunehmende Tendenz. Umso wichtiger ist es, als Katzenhalter rechtzeitig zu intervenieren. Um Ihnen wichtige Auslöser von Ängsten zu veranschaulichen, hier einige Beispiele:

- **Angst und Panik** lassen sich oft bei Katzen beobachten, die Besitzerwechsel hinter sich haben. Bei ihnen ist meistens eine massive Verlustangst etabliert, die sich darin äußert, dass der Vierbeiner nicht gerne allein bleibt. Die Bach-Blüten Star of Bethlehem und Aspen können diesen Tieren helfen.
- **Misshandlungen** durch Menschen führen zu seelischen Schäden. Stubentiger, die schlechte Erfahrungen gemacht haben, neigen verstärkt zu krankhaftem Angstverhalten. Sie lassen sich oft nicht mehr berühren. Die kanadische Tierexpertin Linda Tellington-Jones rät dazu, betroffene Vierbeiner mit Tarantel-TTouches zu verwöhnen.
- **Autounfälle**, in die ein im Fahrzeug reisender Mäusefänger verwickelt ist, können zu panischer Angst vorm Autofahren führen. Betroffene Miezen erbrechen sich vor Aufregung oder werden unsauber. Pfefferminze kann helfen, aufkommende Übelkeit zu lindern.
- **Schmerzhafte Erlebnisse beim Tierarzt** sorgen in der Regel dafür, dass der Vierbeiner beim nächsten Besuch vor Angst im Wartezimmer zittert. In solchen Fällen ist der Einsatz von Rescue-Remedy-Tropfen angesagt.
- **Raufereien mit Artgenossen**, die mit schmerzhaften Bissen und Kratzern einhergingen, können beim unterlegenen Stubentiger Angst vor anderen Katzen auslösen. Die Bach-Blüte Mimulus verspricht hier Abhilfe.
- **Ängstliche Katzen** sollten in ruhigen Haushalten leben. Hektik und Dauerlärm verstärken Ängste. Oft binden sich ängstliche Katzen eng an eine Person, in deren Nähe sie sich sicher fühlen.

Bonjour, Tristesse

Sie glauben, Melancholie sei nur uns allein vorbehalten? Weit gefehlt! Auch Katzen kennen diese Tristesse, die sich trotz Sonnenscheins, gefüllter Futternäpfe und zärtlicher Streicheleinheiten wie ein dunkler Schleier über ihr hübsches Köpfchen legt. Plötzlich zieht sich der Stubentiger zurück und will nichts mehr mit seiner Umwelt zu tun haben. Spielen? Uninteressant. Ein Ausflug in den Garten? Vielleicht morgen. Den frechen Nachbarshund ärgern? Warum denn ...

Von einem Augenblick zum nächsten erscheint alles grau. Die kleinen Freuden des Alltags üben keinen Reiz mehr aus, und selbst Aufmunterungsversuche des besorgten Zweibeiners perlen eiskalt an der angeschlagenen Katzenseele ab wie Regentropfen von einer Wachstischdecke.

Melancholie schlägt auch auf den Magen: Das Futter schmeckt nicht mehr und selbst die raffiniertesten Leckerchen verfehlen ihre Wirkung.

Was ist los?

Wer ist schuld an dem desolaten Gemütszustand? Ist die Katze krank oder nur verstimmt, weil man ihr nicht genügend Beachtung entgegenbrachte? Genau diese Fragen sollten Sie abklären, weil unter Umständen die Gesundheit Ihres Vierbeiners auf dem Spiel steht. Das muss zwar nicht so sein – schließlich kann ein plötzlicher Melancholieschub tatsächlich rein seelisch bedingt sein –, aber es gibt auch körperliche Erkrankungen, die einer Katze die Stimmung verhageln.

Keiner liebt mich!

Psychische Ursachen scheinen mindestens genauso oft schuld an melancholischen Stimmungslagen zu sein.

Tipp

Tropfenweise helfen

Wenn Sie es mit einem ausgesprochen melancholisch veranlagten Exemplar zu tun haben sollten, können Sie auch versuchen, ihm mithilfe der Homöopathie zu einer besseren Stimmung zu verhelfen.

Die Bach-Blüte Mustard (Wilder Senf, *Sinais arvensis*) gilt als prädestiniert, wenn es um die Behandlung von Traurigkeit und Niedergeschlagenheit geht.

Veränderungen innerhalb des Reviers machen hierbei einen hohen Prozentsatz aus. Sie können dieser Entwicklung nur begegnen, indem Sie Ihrem Vierbeiner Zeit geben, sich langsam an die neue Situation zu gewöhnen.

Konkurrenz!

Auch die Anschaffung eines neuen Haustieres kann sich auf die Gemütslage einer Katze auswirken. Abhängig vom Charakter reagiert ein Stubentiger auf solche Veränderungen mit Aggression oder er zieht sich zurück und verfällt in trübste Melancholie.

Man sollte dieses Trauerspiel umgehen, indem man darauf achtet, dass die schnurrende Zunft nicht aufgrund des neuen Haustieres zu kurz kommt. Die Lebenssituation der Katze sollte sich möglichst nicht ändern.

Fauchen

Die Ohren des Kartäuserkaters liegen flach am Kopf an. Seine leuchtend gelben Augen sind zu schmalen Sehschlitzen verengt. Der massige Kopf wird selbstbewusst vorgereckt. Inmitten des breiten Gesichts blitzen messerscharfe Zähne auf, deren strahlend weiße Farbe sich vom rosaroten Innenleben des großen Maules abhebt. Florian ist ganz und gar nicht zum Scherzen aufgelegt. – Daran gibt es keinen Zweifel. Die Lage ist ernst, sehr ernst. Der Kater faucht.

Fauchen ist eine spektakulär anmutende Verhaltensweise, die jedoch nicht immer die zu erwartenden, dramatischen Reaktionen nach sich zieht. Zwar gibt es Situationen, in denen ein zischendes Fauchen tatsächlich die letzte Warnung vor einem tollkühnen Angriff ist, bei dem kein Auge trocken bleibt, aber oftmals beschränkt sich der mutige „Faucher" auch auf die Drohgrimasse und zieht von dannen, ohne sein verschrecktes Gegenüber mit Zähnen und Krallen zu traktieren.

Ein überzeugendes Fauchen variiert von „Bleib mir bloß fern!", über „Verzieh dich. Du hast in meinem Revier nichts verloren!", bis hin zu „Jetzt knallt es aber gleich!". Fauchen kann sogar ein Zeichen großer Angst sein. Viele Stubentiger reagieren in ungewohnten Situationen (Tierarztpraxis etc.) mit einem zaghaften Fauchen, das allerdings keinesfalls einen Angriff ankündigt, sondern vielmehr ein verzweifelter Hilfeschrei ist.

Fremdeln

Kätzchen sind sehr früh dazu in der Lage, zu fauchen. Deshalb geht man auch davon aus, dass diese Verhaltensweise angeboren ist. Plötzliche Helligkeit, eine überraschende Berührung, fremde Personen, die sich neugierig über die Wurfkiste neigen, und Geschwister, die die heiß begehrte Lieblingszitze streitig machen, können Auslöser für ein beherztes „Faucherchen" sein. Der Nachwuchs steht zwar noch auf wackeligen Beinen, vermag aber bereits, das Köpfchen in den Nacken zu werfen, das Mäulchen zu öffnen und ein leises Zischen von sich zu geben. Das mag momentan noch possierlich aussehen, in wenigen Monaten entwickelt sich aus dem zurückhaltenden Fauchen jedoch eine überzeugende und Respekt einflößende Variante des kätzischen Verhaltensrepertoires.

Fauchen kann Aggressions-, aber auch Angstverhalten sein.

Lass mich nicht allein!

Die Koffer sind gepackt. Reisepässe und Flugtickets liegen bereit. Eigentlich steht der Vorfreude auf den Urlaub nichts mehr im Weg. Wenn da nicht die lieben Vierbeiner wären, die einen unmissverständlich daran erinnern, dass eine Urlaubsreise aus ihrer Sicht das Allerletzte ist. Die Mäusefänger haben schon vor Wochen gespürt, dass etwas im Busch ist. Sie bemerken die Vorfreude ihrer Besitzer und lassen sich nichts vormachen.

Katzen schließen sich ihrem Menschen eng an. Durch die enge Bindung sind sie allerdings auch schnell verschnupft, wenn man sie allein lässt.

Als die Koffer aus dem Keller geholt wurden, war alles klar. „Die wollen weg!“, stand in den empörten Katzengesichtchen geschrieben. Macht sich da schlechtes Gewissen breit? Ja, dagegen kann man sich als Katzenbesitzer kaum erfolgreich zur Wehr setzen.

Wenn Sie Glück haben, bleibt es bis zur Abreise lediglich bei beleidigten Katzengesichtern. Sollten Sie jedoch renitentere Exemplare Ihr Eigen nennen, steht Ihnen vor der Abreise noch einiges bevor.

Katzen können sehr einfallsreich sein, wenn es darum geht, untreue Zweibeiner massiv unter Druck zu setzen.

Vielleicht verwandelt sich der sonst stubenreine Kater plötzlich in eine Art undichtes Ventil und hinterlässt verräterische Pfützen auf der Bettdecke. Unter Umständen finden Sie auch ein kleines Häufchen mitten auf dem Küchenboden, bei dem es sich nicht um die Überreste der Mousse au Chocolat handelt…

Ganz gewiefte Exemplare verstehen es sogar, auf Abruf krank zu werden. Vielleicht liegt es ja tatsächlich am durch Pein und Sorge geschwächten Immunsystem. Wir wollen unseren Lieblingshaustieren schließlich nicht vorwerfen, sie seien Simulanten?!

Was tun?

Da steht man nun als reisefreudiger Katzenhalter und fühlt sich schlecht. Schlecht, weil man seine Tiere für einen halben Monat allein lässt. Schlecht, weil man nicht weiß, wie der Katzensitter mit einer Horde unsauberer Samtpfoten zurechtkommt. Schlecht, weil man ein kränkelndes Tier nicht unbeaufsichtigt lassen möchte. Letztendlich kann man nur eines raten: Wenn Sie dafür gesorgt haben, dass Ihre Lieblinge während Ihrer Abwesenheit kompetent und liebevoll betreut werden, müssen Sie nur noch eines tun, sobald die Reise beginnt: einfach abschalten.

Spielpfötchen

Es sieht einfach zu niedlich aus, wenn eine Katze ihre Pfote spielerisch in die Luft reckt, um ihren Menschen zum Spielen aufzufordern. Doch ist diese offensichtlich angeborene und nicht erst etwa nach der Geburt durch Beobachtung erlernte Geste tatsächlich immer als Aufforderung zum Spielen gemeint? Oder kann sie auch eine ganz andere Bedeutung haben? Ja, vielleicht sogar gefährlich sein? Denn Krallen spielen bei dieser Verhaltensweise auch eine Rolle.

Falls Sie Ihre Finger nicht riskieren und blutige Kratzer vermeiden wollen, sollten Sie über das vielfältige Bedeutungsrepertoire des sogenannten Spielpfötchens Bescheid wissen, ansonsten könnte es eine böse Überraschung und verpflasterte Hände geben.

Eine erhobene Pfote ist an erster Stelle eine Facette des Jagd- und Beuteverhaltens der Katze und keinesfalls eine spielerische Aufforderung. Blitzschnell vorschnellende Pfoten und Krallen werden meistens von einem angehobenen Pfötchen eingeleitet, weil diese Position sehr viel schnelleres Reagieren ermöglicht.

Deshalb sieht man diese Pfotenhaltung auch beim Spielen mit der Katze vor allem dann, wenn sich der Vierbeiner gerade mit dem Gedanken trägt, eine fröhlich wippende Angel mit einer Feder oder ein anderes bewegliches Objekt kätzischer Begierde zu ergattern. – Ausprägungen des Beuteverhaltens eben.

Auch beim Spiel kommen die Krallen zum Einsatz – also Vorsicht.

Futterorientiert

Gourmandise und ein knurrender Magen bieten ideale Voraussetzungen für den Einsatz des „Spielpfötchens“. So schnellt es verwegen in die Höhe, wenn der Zweibeiner einen verführerischen Leckerbissen in den Händen hält oder gerade sich sein wohlverdientes Abendessen schmecken lässt.

Vielleicht kann man als gewiefter Vierbeiner mit besonders „langem Arm“ ja unbemerkt ein saftiges Häppchen vom Teller fischen oder mit einem possierlich anmutenden Antippen des Unterarms für Amüsement und eine kleine Belohnung sorgen.

Autsch! Das tat weh!

Ein Spielpfötchen ist niedlich, aber mit Vorsicht zu genießen. Missverständnisse können zu einem blutigen Finger führen.

Achten Sie auf die Körperhaltung und den Augenausdruck einer Katze, bevor Sie sich von „Spielpfötchen“ verleiten lassen. Eine angespannte Körperhaltung, nervöses Schwanzzucken und seitlich abgewinkelte Ohren sind nicht als Aufforderung zu verstehen – wogegen ein offener, freundlicher Blick, nach vorn gefächerte Schnurrhaare und eine entspannte Ausstrahlung in Verbindung mit erhobener Pfote freundlich zu werten sind.

Liebesbeweise

Es ist einfach ekelhaft. Die Bettlaken sind zerwühlt und inmitten der penibel gepflegten, champagnerfarbenen Satinbettwäsche ist ein dunkler kleiner Körper zu entdecken. Ein fadendünnes Schwänzchen, ein winziges, spitzes Gesichtchen, kleine, steif abgestreckte Beinchen ...
Es handelt sich allem Anschein nach um ein niedliches Feldmäuschen, das noch vor geraumer Zeit fröhlich durch den Garten huschte.

Man nähert sich dem Zeugnis eines grausamen Zwischenfalls und vergewissert sich, ob tatsächlich kein Leben mehr in diesem kleinen Körper ist. Blut- und Speichelspuren auf dem Rückenfell und die abgeknickte Kopfhaltung lassen keinen Zweifel offen: Diese Maus ist tot – mausetot.

Dass Katzen von Natur aus Mäusefänger sind, ist bekannt. Dass zivilisierte Stubentiger im Rahmen ihrer Anpassung an eine von Menschen dominierte Lebensform dazu übergegangen sind, ihre Lieblingsbeute im Bett ihres Besitzers zu deponieren, ist eine bedenkliche Entwicklung. Leider werden Katzenhalter, die ihrem Stubentiger auch Freilauf ermöglichen, immer wieder durch blutige Überraschungen in unangenehme Situationen gebracht.

Ein natürlicher Instinkt

Katzen sind Jäger und werden als Raubtier geboren. Folglich kann man einer Katze keinen Vorwurf machen, wenn sie Mäuse fängt. Warum verzehrt sie das kleine Beutetier manchmal nicht? Ein Aspekt ist, dass Katzen von ihrem Besitzer Nahrung erhalten. Meistens ist der Vierbeiner damit zufrieden und betrachtet Mäuse als spaßigen Zeitvertreib. Darauf basiert das Austauschverhalten. Der Stubentiger ist stolz auf seine Beute und möchte von seinem Menschen gelobt werden.

Wieso gerade das Bett?

Es gibt Katzen, die erlegte Mäuse im Wohnzimmer ablegen, andere bevorzugen den Küchenboden, und wieder andere kennen nur einen würdigen Ort: das Bett.

Auch hierfür gibt es verschiedene Erklärungsansätze: Das Bett ist ein Ort der Intimität. Hier lässt sich der Zweibeiner nieder, wenn er sich erholen oder schlafen möchte. Aus Katzensicht gesehen ist ein Bett ein heimisches Nest. Folglich lässt sich ein im Bett platzierter Mäusekadaver als eine Art Liebesbeweis interpretieren. Die Katze vertraut ihrem Besitzer und möchte mit ihm die Früchte harter Arbeit teilen. Die tote Maus ist eine Geste von Freundschaft und Verbundenheit. Sicher sind Sie entzückt! Das es im Gegenzug ein Leckerchen gibt, versteht sich aus Katzensicht von selbst.

Mäuse werden gern gejagt, aber längst nicht immer gefressen.

Mit Katzen leben

Tagesablauf

Ihr Leben könnte nicht unterschiedlicher sein. Während für die Bauernhofmieze Mäusejagen, Heuböden, Pferd & Co. zum Alltag gehören, träumen Wohnungskatzen von Kratzbäumen, Fertignahrung, Leckerchen und Schmusestunden. Lassen Sie uns Stubentiger Momo und Bauernhofkatze Muppel einen Tag lang über die pelzige Schulter schauen, um mehr über ihre Vorlieben zu erfahren. Eines vorab: So unterschiedlich sind „Landeier" und Städter gar nicht...

6 Uhr

Luxusmieze Momo schläft in ihrem mit flauschigem Schaffell gepolsterten Bettchen. Sie denkt gar nicht daran, in aller Herrgottsfrühe aufzustehen. Schließlich liegt ihr Zweibeiner ja auch noch in den Kissen. Frühstück gibt es frühestens in zwei Stunden.

Bauernhofkatze Muppel döst derweil zwar noch auf einem goldgelben Strohballen, hat aber bereits die Augen geöffnet und läuft gleich zu Hochtouren auf. Als Dämmerungsjäger sind ihre Instinkte hellwach, sobald die aufgehende Sonne die dunkle Nacht vertreibt.

8 Uhr

Jetzt ist Momo auf den Beinen. Ihr Besitzer hat gerade die Futternäpfe mit Feuchtfutter aufgefüllt. Aus dem Bad ertönt das Surren des Rasierers. Momo weiß es zu schätzen, dass ihr Mensch erst ans Katzenfrühstück und dann an die eigenen Bedürfnisse denkt.

Muppel ist in Action. Seit fast zwei Stunden pirscht die dreifarbige Schönheit über Heu- und Strohballen, legt sich auf die Lauer und springt immer wieder zielstrebig herum. Mäusejagd ist angesagt, und das gleicht aktivem Frühsport.

10 Uhr

Momo hat ihr Frühstück verdaut und sprüht vor Energie. Das neue Spielzeug wurde schon kreuz und quer durch die Wohnung geschleudert, der Kratzbaum mit Riesensätzen erklommen und Herrchens Schnürsenkel unter das Bett verschleppt.

Muppel rekelt sich auf der saftigen Pferdeweide hin und her. Nach erfolgreicher Jagd streckt und reckt sie die strapazierten Gliedmaßen, um sich zu entspannen. Auf der Wiese kann man nicht nur herrlich in der Morgensonne dösen, sondern hat gleichzeitig einen hervorragenden Überblick. Muppel gefällt es, den Pferden beim Grasen zuzusehen und Vögel in den Schatten spendenden Bäumen zu beobachten.

12 Uhr

High Noon! Auch Momo hat es nun hinaus ins Freie gezogen, allerdings liegt es ihr fern, auf dem banalen Rasen Platz zu nehmen. Ein Designerstuhl mit weichem Kissen kommt da gerade recht. Hier kann man die wärmende Sonne genießen und hat gleichzeitig einen grandiosen Ausblick auf die angrenzenden Gärten.

Muppel wird derweil voll gefordert. Die frechen Hühner haben es doch tatsächlich gewagt, das Katzenfutter zu plündern! So geht das nicht. Unter diesen Umständen entflammt auch aufseiten der schnurrenden Zunft akutes Interesse an der ansonsten überwiegend verschmähten Kost, und Muppel zieht ins Gefecht.

14 Uhr

Momo hat ihren Freisitz verlassen und sieht in der Wohnung nach dem Rechten. Die Lederkugeln der argentinischen Gauchos lassen sich also doch zum Katzenspielzeug umfunktionieren. Warum war der Zweibeiner denn bloß immer anderer Meinung? Jetzt ist er gerade nicht da und kann sich nicht beschweren – umso besser. Der Platz am großen Fenster ist nachmittags besonders interessant.

Muppel ist wieder auf Abenteuerkurs. Tollkühn hat sie sich an den Auslauf der Pferde herangewagt und ist sogar auf den Zaun geklettert. Dass die riesigen Viecher nun tatsächlich angelaufen kommen, um ihrerseits zu gucken, war nicht eingeplant.

16 Uhr

Der Schreibtisch ihres Menschen ist für Momo am späten Nachmittag der ideale Ort, um die letzten Sonnenstrahlen des Tages zu genießen. Nachdem sie einen Stapel Papiere aufgemischt und sämtliche Kugelschreiber auf den Boden befördert hat, macht es sich Momo mitten auf dem Tisch gemütlich und genießt die Sonnenstrahlen in ihrem Gesicht.

Muppel denkt nicht an Feierabend. Was ist das überhaupt? Die nimmermüde Bauernhofkatze ist schon wieder auf der Pirsch, denn hinter dem Busch hat sich etwas bewegt. Ein Mäuschen? Ein Maulwurf? Eine Ratte? Was auch immer es ist, sie wird es erwischen. Das Tageswerk ist erst dann erfüllt, wenn man auch Beute gemacht hat.

18 Uhr

Geschafft! Jetzt hat Herrchen Zeit für Streicheleinheiten. Momo genießt die Zuwendung in vollen Zügen und freut sich schon auf ein gemütliches Stündchen, das sie dicht an ihren Menschen gekuschelt auf der Couch verbringt.

Muppel folgt ihren Instinkten. Die einsetzende Dämmerung lässt die flinke Jägerin zu Hochtouren auflaufen. Sie hat es sich in den Ästen eines Baumes bequem gemacht und wartet geduldig auf eine dieser Amseln, die sich im Halbdunkel in Sicherheit wägen. Doch der schwarz gefiederte Piepmatz ist gerissen. Er verweilt in sicherer Entfernung.

20 Uhr

Momo macht es sich auf ihrem kuscheligen Schaffell gemütlich. Als Abendration gab es saftigen Thunfisch – einfach köstlich. Vielleicht wird sie später noch einmal durch die Wohnung schlendern, lässig ein zusammengeknülltes Papier herumkicken, die letzten Thunfischkrümel aufschlecken oder ihren Zweibeiner im Bett besuchen. So gegen 23 Uhr wird sie sich entspannt hinlegen und rundum zufrieden einschlafen.

Muppel hat sich wieder auf den Heuboden zurückgezogen. Der Tag war durch und durch erfolgreich: Zwei Mäuse gefangen, eine dreiste Hühnerhorde besiegt, Pferde beobachtet und Vögeln aufgelauert … – langweilig wird es auf dem Bauernhof jedenfalls nie. Jetzt ist Muppel hundemüde und schläft leise schnurrend auf ihrem Lieblingsstrohballen ein.

Schnurrende Psychologen

Ihnen wächst alles über den Kopf? Ihre Arbeit erscheint Ihnen wie das nicht enden wollende, strapaziöse Erklimmen eines Berges? Ihre Mitmenschen überhäufen Sie mit hausgemachten Problemen? Kein Wunder, wenn Sie manchmal quälende Frustration überkommt und Sie sich verzweifelt die Haare raufen. Doch keine Sorge. Hilfe naht. Und zwar von Ihrer Katze. Denn Samtpfoten beherrschen die wunderbare Gabe, die Sonne in Ihrem Herzen aufgehen zu lassen.

Permanente Belastungen und negative Umwelteinflüsse schlagen sich früher oder später auf der Seele nieder und sorgen für Trübsal. Dramatische Stimmungstiefs bis hin zu handfesten Depressionen, „Burn Outs", Schlafstörungen, Migräne, Bluthochdruck sowie Herz-Kreislauf-Beschwerden sind nicht selten die Quittung für den Missbrauch, den man jahrelang mit der eigenen Psyche und den körperlichen Kräften treibt.

So viel Wohlbefinden muss einfach abfärben.

Ab auf die Couch?

Vielleicht haben Sie sogar schon einmal daran gedacht, den Rat Ihrer besten Freundin zu befolgen und sich vertrauensvoll in die Hände eines verständnisvollen Psychologen zu begeben. Streicheleinheiten für die Seele müssen allerdings nicht immer von menschlicher Seite kommen. Auch schnurrige Schmusetiger besitzen psychologische Fähigkeiten, und das ganz ohne langjähriges Studium. Ihnen scheint die Seelenpflege geradezu in die Wurfkiste gelegt zu werden.

Die maunzende Zunft verfügt über ganz feine, unsichtbare Antennen, die jede noch so dezente Stimmungsschwankung registrieren und regelrecht Alarm schlagen, wenn es schlecht um das menschliche Seelenheil steht. Haben Sie das noch nie erlebt?

Schmusen Sie sich gesund

Wir kauern niedergeschlagen auf der Couch und blasen Trübsal. Es dauert nicht lange, und schon springt unser vierbeiniger Liebling mit federnden Pfoten vom Teppichboden ab, landet schwungvoll auf dem Kissen neben uns und beginnt, laut schnurrend, sein Köpfchen an unserem Bein zu reiben. „Ach, lass das. Ich habe keine Lust zum Schmusen", grollen Sie mit einem ganz kleinen Anflug von Selbstmitleid und schubsen den aufdringlichen Hausgenossen mit einer Hand sanft vom Sofa. Ihnen geht es schlecht, und das wollen Sie auch auskosten.

Es dauert keine zwei Sekunden, und schon hat der schnurrhaarige Psychologe wieder den Platz an Ihrer Seite erobert. Das tiefe, beruhigende Schnurren ist noch lauter geworden und das spitze Köpfchen wird mit mehr Energie und Überzeugungskraft unter Ihren Arm geschoben. Sie geben auf und tun gut daran. „Na gut, komm her“, murmeln Sie und heben den kleinen Körper mit dem wuscheligen Fell sanft auf Ihren Schoß.

Das Wohlbefinden steigt

Sie lassen Ihre Hände zärtlich durch den flauschigen Pelz gleiten. Ihr Stubentiger rollt sich wohlig hin und her. Auch wenn die Wolken des Stimmungstiefs noch so tief hängen, bahnt sich auf einmal ein kleiner Sonnenstrahl einen Weg in Ihr Herz. Trübsal und Pessimismus weichen aufkeimendem Wohlbefinden, und plötzlich sieht die Welt gar nicht mehr so grau aus.

Die Wärme des geschmeidigen Katzenkörpers, das rollende Schnurren und die Berührung der samtweichen Haarpracht verfehlen nie ihre Wirkung. Samtpfoten beruhigen aufgebrachte Gemüter und trocknen die dicksten Tränen. Sie vermögen sogar Trost zu spenden, wo menschliche Worte nichts mehr ausrichten können.

Der Blutdruck sinkt

Die wohltuende Ausstrahlung der sanften Schmusetiger hat nichts mit Einbildung zu tun. Die „Wellness“-Erfolge der Mäusefänger sind messbar. In medizinischen Tests wurde nachgewiesen, dass das Streicheln und manchmal auch die bloße Anwesenheit einer Katze den Blutdruck sinken lässt.

Ebenfalls gibt es wissenschaftliche Belege dafür, dass Katzen helfen, Depressionen und Einsamkeit vorzubeugen und zu therapieren. Wer in Gesellschaft eines oder mehrerer Sofatiger lebt, ist meistens geselliger, kontaktfreudiger und unkomplizierter als tierlose Mitmenschen, die sich den lieben langen Tag nur um ihre eigenen Probleme sorgen.

Ein unternehmungslustiger Vierbeiner bringt Lebensfreude und Schwung in jeden noch so grauen Alltag und sorgt mit seinen Forderungen und seiner Zuwendung dafür, dass Trübsal und schlechte Laune sich in eine bessere Stimmung verwandeln.

Völlig entspannt – dank Katze.

Berufstätig

Arbeiten und Haustiere halten? Das klingt für manch einen ebenso abwegig wie der Gedanke, als berufstätige Frau ein Kind in die Welt zu setzen. Muss man wirklich auf alles verzichten, wenn die berufliche Herausforderung nicht aus dem Leben wegzudenken ist? Wohl kaum. Mit Organisationstalent lassen sich Job und Stubentiger unter einen Hut bringen. Und man selbst muss dabei nicht auf der Strecke bleiben. Im Gegenteil: Eine Katze bereichert den Feierabend.

„Was, Sie sind berufstätig? Na, dann haben Sie sicherlich überhaupt keine Zeit für Ihre armen Tiere. Traurig, wenn Katzen den ganzen Tag über mutterseelenallein sind“, schimpft die alte Dame: Einen Beruf ausüben und gleichzeitig die Dreistigkeit besitzen, ein oder mehrere Haustiere sein Eigen zu nennen? So etwas sollte es nach Ansicht mancher Menschen überhaupt nicht geben. Dabei schließt die Ausübung eines Berufs keine artgerechte und liebevolle Katzenhaltung aus.

Katzen wollen nicht den ganzen Tag allein Zuhause sein. Wenn Sie den ganzen Tag unterwegs sind, freut sich Ihr Stubentiger über einen Katzenkumpel.

Ein Artgenosse muss her

Sicherlich steht es außer Frage, dass die Haltung einer einzelnen Samtpfote nicht empfehlenswert ist, wenn ihr Besitzer täglich viele Stunden außer Haus weilt. Stubentiger haben ein ausgeprägtes Bedürfnis nach körperlicher Nähe und schätzen die Anwesenheit ihrer Bezugsperson.

Einzelkatzen neigen zu Verhaltensstörungen, wenn sie zu oft und zu lange allein gelassen werden. Manche Vierbeiner reagieren mit Unsauberkeit, was für einen arbeitenden Menschen gleich doppelt schlimm ist. Er kommt abends nach Hause und darf sich gleich ans Putzen und Waschen machen. Zusätzlich befällt ihn beim Anblick seiner beleidigten Katze auch noch ein schlechtes Gewissen.

Schmusestunden

Wer ganztägig arbeitet und sich trotzdem nach der Gesellschaft eines Haustieres sehnt, sollte sich mindestens zwei Vierbeiner zulegen. Auch eine Dreier- oder Vierergruppe hat selten Langeweile und macht kaum mehr Arbeit als ein Pärchen. Allerdings müssen die Katzen zueinander passen und sich gut verstehen. Ist das nicht der Fall, entsteht zusätzlicher Stress und zwar nicht zu knapp.

Ein Mensch kann nie einen Artgenossen ersetzen. Zu Zweit lässt es sich kuscheln, toben oder streiten und die Zeit vergeht im Flug.

Der Kontakt zu Artgenossen sorgt für Kurzweil und ermöglicht Schmusestunden, zu denen der Zweibeiner überhaupt nichts beitragen muss. Katzen liegen gern stundenlang beisammen und lecken sich gegenseitig zärtlich über das Fell und die Öhrchen. Wenn der Mensch abends nach Hause kommt, sind sie keinesfalls so nach Streicheleinheiten ausgehungert, wie das bei einer Einzelkatze der Fall wäre.

Katze und Beruf – ein Dauerkonflikt? Die Samtpfote möchte wenigstens am Abend ein wenig Aufmerksamkeit geschenkt bekommen.

Kratzbaum, Spielzeug und mehr

Eine katzengerecht eingerichtete Wohnung ist ein „Must" für jeden berufstätigen Miezenbesitzer. Wenn sich die Vierbeiner schon stundenweise die Zeit allein vertreiben müssen, sollten sie dazu auch genügend Gelegenheit haben. Ein Kratzbaum sowie weitere Spring- und Klettermöglichkeiten sollten in keinem Katzenhaushalt fehlen.

Eine saubere Katzentoilette, frisches Katzengras und abwechslungsreiche Spielzeuge gehören natürlich auch zur Menagerie. Ein umfunktionierter Pappkarton vom letzten Einkauf, eine große Papierkugel oder ein Spielmäuschen sorgen für Kurzweil, während der Zweibeiner das Geld verdient.

Wenig Tabus

Da Katzen in einer Wohnung einen eingeschränkten Lebensraum haben, sollte man ihnen möglichst keinen Platz innerhalb des Wohnbereiches verwehren. Nun gut, Samtpfoten haben nichts auf Küchentischen oder auf dem Esstisch verloren – auf Stühle, Sessel und Beistelltische kann man sie hingegen durchaus klettern lassen. Kleine Kletterpartien und unterschiedliche Aufenthalts-Niveaus machen den Lebensraum interessanter.

Fensterplätze

In Wohnungen lebende Katzen blicken mit Vorliebe aus dem Fenster. Falls die Fensterbänke zu klein zum Draufsetzen sind, kann man mit Sitz- und Liegebrettern Abhilfe schaffen. Offene Fenster sollten übrigens generell mit stabilen Netzen abgesichert werden, damit die Katze nicht hinausklettert und in die Tiefe stürzt. Kippfenster können zur tödlichen Falle werden.

Wenn man Rücksicht auf die Bedürfnisse seines Haustieres nimmt, wird das Zusammenleben zwischen Mensch und Tier zu einem harmonischen Beisammensein – auch unter dem Stern der Berufstätigkeit. Und von dieser Beziehung profitieren beide – Mensch und Tier.

Kids and Cats

Kinder lieben Tiere. Die meisten träumen davon, einen kuscheligen Vierbeiner als Freund zu haben. Bei Kids, die nicht das Glück haben, in einen Tierhaushalt hineingeboren zu werden, wächst die Sehnsucht nach einem treuen Freund auf vier Pfoten oft von Jahr zu Jahr. Immer wieder konfrontieren sie ihre Eltern mit dem unerfüllten Herzenswunsch: „Darf ich ein Kätzchen haben?" Katzen und Hunde stehen auf der kindlichen Wunschliste ganz oben.

Viele Eltern fühlen sich in diesem Moment überfordert. Eine Katze? Wer soll sich darum kümmern? Ein Tier bedeutet schließlich, eine jahrelange Verantwortung zu übernehmen. Selbstverständlich ist eine Katze kein Spielzeug und auch kein Gebrauchsgegenstand, den man entsorgt, sobald er lästig geworden ist. Dennoch: Falls man sich eine Katze zeitlich, und auch finanziell leisten kann, falls man dazu bereit ist, nicht vorhandene Erfahrung im Umgang mit einem hochsensiblen Wesen zu erlernen, kann man seinem Kind keinen größeren Gefallen erweisen, als ihm seinen Herzenswunsch zu erfüllen.

Vorbild sein

Ist das Kätzchen endlich da, sind in der ersten Zeit die Eltern gefordert: Kinder müssen zuerst lernen, wie man mit einem Tier umzugehen hat. Stürmische Übergriffe, Zwangsverfrachtungen unter die Bettdecke und wilde Spiele sollten verhindert werden. Kids müssen begreifen, dass Katzen kein Spielzeug, sondern eigenständige Lebewesen sind. Das Beste ist, man geht als gutes Vorbild voran: Regelmäßige Fütterungszeiten, die Reinigung des Katzenklos, der Besuch

Kinder und Katzen sind ein tolles Team.

beim Tierarzt, ein liebevoller und respektvoller Umgang mit dem Tier. Mit der Zeit wird auch das Kind einige dieser Aufgaben übernehmen können. Vorerst aber sollte man insbesondere kleine Kinder nicht ohne Aufsicht lassen, wenn sie die Nähe des Tieres suchen. Ohne es böse zu meinen, könnten sie die Katze aus Unerfahrenheit heraus quälen oder überfordern.

Die Katze wird eine große Rolle im Leben des Kindes spielen. Sie ist zugleich Freund, geduldiger Zuhörer, Tröster und Spielkamerad. Natürlich kann ein Haustier kein Ersatz für elterliche Fürsorge sein; dennoch ist es eine wertvolle Ergänzung.

Besser drauf

Schon lange ist bekannt, dass Katzen positive Auswirkungen auf die Kinderseele haben. Schulpsychologen berichten davon, dass schwierige Kinder, die ein Haustier bekommen, in vielen Fällen wesentlich ausgeglichener werden. Katzen scheinen sich mildernd auf vorhandene Aggressionen auszuwirken. Nachgewiesen ist auch, dass sich die Haltung von Tieren positiv auf das kindliche Selbstbewusstsein auswirkt. Das liegt daran, dass Kinder, die für ein Tier sorgen dürfen, sehr früh lernen, Verantwortung zu übernehmen. Die Haltung einer Katze erfordert Verantwortung, Pünktlichkeit, Ordnungssinn und Rücksichtnahme. Auf diese Weise erlernen Kinder unter anderem den respektvollen Umgang mit anderen Menschen. Die Katze hat es ihnen beigebracht: Man kommt nicht immer mit dem Kopf durch die Wand! Und wenn es das Kind trotzdem versucht, setzt es notfalls einen Tatzenhieb. Solche Erfahrungen schulen das kindliche Sozialverhalten.

Leben und Tod

Eine Katzengeburt ist für viele Kinder ein aufregendes Ereignis. Sie können miterleben, wie Leben entsteht, und werden diesen Augenblick sicherlich niemals vergessen. In den ersten Lebenswochen der Kätzchen können Kinder eine faszinierende Katzenkinderstube beobachten.

Durch Katzen lernen Kinder früh, Verantwortung zu übernehmen. Der Stubentiger zeigt ihnen, was er mag und was nicht – notfalls auch mit einem Hieb.

Sie erleben, wie die kleinen Wesen heranwachsen, ihre Augen öffnen und zaghaft zu spielen beginnen.

Leider gehört nicht nur das Wunder der Geburt zum Leben, sondern auch der Tod. Das Ableben der geliebten Katze ist für jedes Kind ein großer Schock. Es wird traurig und bestürzt reagieren. Sein engster Freund und jahrelanger Vertrauter ist einfach nicht mehr da. Eltern sollten die Trauer des Kindes nicht unterdrücken. Es darf um seinen geliebten vierbeinigen Freund weinen – daran ist nichts peinlich oder gar ungewöhnlich.

So schmerzhaft der Tod des geliebten Haustieres auch ist, er hat zumindest einen positiven Aspekt: Das Kind lernt frühzeitig mit Trauer und Verlusten umzugehen. Diese Erfahrung wird seine Zukunft prägen. Menschen, die als Kinder solche Erfahrungen machen, können als Erwachsene oftmals besser mit Trauer umgehen.

Katzen und Männer

Unabhängig, selbstständig und absolut frei. – So sind Katzen. Unabhängig, selbstständig und absolut frei. – So würden Männer gern sein. Scherz beiseite. Vielleicht sind es gerade das unbezähmbare, eigenständige Wesen der Katze und ihr Drang nach Freiheit, die zarte Bande zwischen Mann und Katze spannen. Raubtier und Jäger treffen aufeinander. Muskelkraft, Adrenalin, Jagdtrieb... Es gibt viele Parallelen, die die Herzen dieser beiden Wesen im Einklang schlagen lassen.

Gestandene Mannsbilder erliegen dem Charme der vierbeinigen Jäger. Der Expräsident der USA, Bill Clinton, und seine schwarzweiße Katze Socks sind nur ein Beispiel von vielen. Auch kreative Zeitgenossen wie der Komiker Helge Schneider zählen Katzen zu ihrem engsten sozialen Kreis. Sie schenken Inspiration und Naturverbundenheit. Künstler, Philosophen und Schriftsteller umgaben sich seit jeher gern mit den unabhängigen Raubtieren.

Poeten

Vermag man überhaupt trefflich in Worte zu fassen, was Männer und Katzen verbindet? Vielleicht kann uns ein ganz besonderer Mann die Richtung weisen? Der französische Dichter Charles Baudelaire (1821 – 1867) gehört zu denjenigen, die für die Faszination Katze empfänglich waren. In seinem Werk „Les Fleurs du Mal" („Die Blumen des Bösen") widmet er dem sanften Raubtier mehrere wundervolle Gedichte. In „Le Chat" („Die Katze") aus der Sequenz „Spleen et Idéal" („Spleen und Ideal") lässt er uns die Tiefgründigkeit dieser Beziehung erahnen:

Komm an mein Herz, mein schönes Katzentier;
Zieh ein der Tatze Krallen,
Gönn einen Blick in deine Augen mir,
Achatgesprenkelt und metallen.

Der französische Dichter verspürt den Drang, ein Raubtier zu zähmen. Er will es an sich drücken und sich an dem geheimnisvollen Blick der Katze laben. Offensichtlich ist ihm bewusst, dass eine innige Beziehung zu einer Katze nur dann Bestand hat, wenn das Raubtier seinerseits dazu bereit ist, sich zu öffnen. Und damit nicht genug:

Wenn meine Finger müßig deinen Rücken
Und übers Haupt dir streicheln,
Wenn meine Hand berauscht ist vom Entzücken,
Dem Leib, der sprüht zu schmeicheln,

Katzen und Männer verbindet eine besondere Beziehung. Was die Faszination ausmacht, wissen letztendlich nur die beiden.

In der zweiten Strophe hat der Dichter die Katze erobert. Er darf sie streicheln und genießt das. Auch das Raubtier findet an der Liebkosung Gefallen. Doch erst die dritte Strophe offenbart, welche Assoziationen bei diesem Tête-à-Tête zum Tragen kommen:

Seh ich im Geiste meine Frau. Sie blickt
Gleich dir, mein liebenswertes Tier,
So kalt und tief, als ob sie Spieße zückt,

Charles Baudelaire scheint von Widersprüchlichkeiten übermannt. Das eben noch umworbene Raubtier wird von einem Schleier der Undurchschaubarkeit und Angriffslust umhüllt. Sein Blick vermittelt Kälte und Unnahbarkeit. Was ist geschehen?

Ein zarter Hauch umspielt ihr
Fuß und Haupt; bedrohliche Gerüche ziehn
Rings um den braunen Körper hin.

Der Dichter durchlebt einen Wendepunkt. Aus dem anschmiegsamen Raubtier ist eine Bedrohung geworden. Gleich wird es wieder seine Krallen zücken und den menschlichen Blick nicht mehr auf seinen Augen ruhen lassen; die „bedrohlichen Gerüche" lassen den Tod erahnen. Unbezähmbar, unberechenbar und launenhaft wirkt das Bild, dass Baudelaire von einer Katze zeichnet, und offensichtlich charakterisieren seine eindeutigen Worte gleichzeitig das weibliche Geschlecht.

Jäger und Raubtier haben viele Gemeinsamkeiten. Beide kommen recht cool und verwegen daher, der eine mehr, der andere weniger.

Viele Männer sehen in Katzen eine feminine Komponente.

Geheimnisvoll und unbegreiflich

Charles Baudelaire vermutet, dass sich Männer nicht nur zu Katzen hingezogen fühlen, weil sie in ihnen das Raubtier sehen, dass allen Regeln trotzt. Auch weibliche Attribute scheinen eine Rolle zu spielen.

Möchte man ihm Glauben schenken, betrachten Männer das weibliche Geschlecht als faszinierend, aber gefährlich. Sie möchten es zähmen, werden jedoch nach erfolgreicher Realisierung das Gefühl nicht los, nicht wirklich Herr der Situation zu sein.

Alte Verbündete

- Dem Charme einer Katze können selbst gestandene Männer nicht widerstehen. Offensichtlich gibt es eine geheimnisvolle Verbindung, die gar nicht so einfach zu ergründen ist.
- Männer und Katzen sind Verbündete. Jahrtausende alte Instinkte könnten bei dieser innigen Beziehung eine Rolle spielen.
- Mit ins Büro? – Nein, soweit muss die Katzenliebe nicht gehen.
- Es ist ein rätselhaftes Band, das Katzen und das männliche Geschlecht in Harmonie verbindet.
- Das unabhängige, selbstständige Wesen der Katze scheint Männer zu faszinieren. Aus Konventionen ausbrechen und einfach frei sein. – Das ist ganz nach Geschmack des starken Geschlechts.

Katzen und Hunde

„Die sind ja wie Hund und Katze!“ – Hartnäckig halten sich derartige Redensarten und zielen auf eine konfliktträchtige Beziehung ab. Wer sich jedoch mit den beliebtesten Haustieren auskennt, weiß, dass dies nicht einfach so hingenommen werden kann. Katzen und Hunde sind keine Erzfeinde. Zahllose Beispiele beweisen das Gegenteil: In vielen Haushalten leben Hunde und Katzen friedlich miteinander. Manche Tiere pflegen sogar innige Freundschaften.

Seit vielen tausend Jahren zählen Katzen und Hunde zu den Haustieren des Menschen. Katzen wurden bereits bei den alten Ägyptern als Rattenfänger eingesetzt und waren hoch angesehen; Hunde fanden ihren Einsatz unter anderem bei der Jagd, auf Kriegszügen und als Wächter von Hab und Gut. Das Zusammenleben – oder zumindest das „Nebeneinanderleben“ – der beiden vierbeinigen Vertreter der Tierwelt hat Tradition.

Das bedeutet natürlich nicht, dass die Beziehung zwischen Katzen und Hunden immer ungetrübt ist. Oft sieht man haarsträubende Szenen: Katzen graben ihre Krallen in zarte Hundenasen; erboste Hunde nehmen zähnefletschend die Verfolgung eines Stubentigers auf. Selbstverständlich existieren solche Zwischenfälle und sie kommen nicht von ungefähr.

Wer dominiert hier wen? Die Blicke sprechen Bände. Der kleine Welpe hat nicht viel zu melden. Tiger hat die Oberaufsicht.

Missverständnisse

Katzen und Hunde verfügen über ganz verschiedene Verhaltensmuster. Ihre Körpersprache differiert und auch ihre Lautäußerungen führen zu gegenseitigen Missverständnissen. Während Hunde zum Beispiel ihrer Freude durch heftiges Rutenwedeln Ausdruck verleihen (Vorsicht: das kann auch ein Anzeichen für jegliche andere Form von Erregungszustand sein), bedeutet bei Katzen das Hin- und Herschlagen des Schwanzes nichts Gutes. Feliden signalisieren durch das Bewegen des Schwanzes Missmut und kündigen dadurch unter Umständen einen bevorstehenden Angriff an. Hunde, die keine Katzen gewöhnt sind, interpretieren das kätzische Schwanzwedeln leicht als Einladung. Folgen sie ihrem trügerischen Instinkt, machen sie vielleicht Bekanntschaft mit den scharfen Krallen ihres Gegenübers.

Die Katze ihrerseits deutet das Wedeln der Hunderute unter Umständen ebenfalls völlig falsch: Sie fühlt sich bedroht. Beide Missverständnisse sind wenig förderlich für eine friedliche Kommunikation.

Ähnlich verhält es sich mit einer anderen, für beide Tierarten charakteristischen Geste: dem Anheben einer Vorderpfote. Während Hunde durch das Heben eines Vorderbeines eine Aufforderung zum Spielen signalisieren, bedeutet es bei der Katze: „Vorsicht! Gleich knallt's!" Ein unerfahrener Hund wird die hochgereckte Vorderpfote einer Katze als freundschaftliches Signal einstufen und unter Umständen ein böses Erwachen erleben. Katzen empfinden eine angehobene Hundepfote als Aggression. Sind sie allerdings von klein auf daran gewöhnt, gibt es in der Regel keine Probleme.

Natürlich besteht auch die Möglichkeit, Katze und Hund später zusammenzubringen. Dabei ist es prinzipiell einfacher, einen Hund in den Haushalt einer erwachsenen Katze zu integrieren, als den alteingesessenen Stubentiger mit einer neuen ausgewachsenen Katze zu überraschen. Kommt ein Hundewelpe ins Haus, sollte allerdings darauf geachtet werden, dass ihn die bereits im Haushalt lebende Katze nicht unterdrückt. Geschieht das doch, kann es passieren, dass Sie später einen ängstlichen, introvertierten Hund haben oder Schwierigkeiten bekommen, Ihren inzwischen zum Katzenhasser mutierten Hund im Zaum zu halten, sobald er einen Feliden erblickt.

Anders verhält es sich, wenn ein Hund das erste Tier im Haushalt war. Sein Verhalten gegenüber dem neuen Haustier „Katze"

Ein kurzes Aufmucken und die Katze wird kurz angenagt. Netter Versuch, aber geholfen hat es letztendlich nichts.

Nach dem kleinen Machtkampf ist die Welt wieder in Ordnung. Die Katze ist und bleibt der Chef, auch wenn sie den Kleinen toleriert.

hängt stark von seiner Erziehung ab. Ein gut erzogener Hund wird die neue Katze bedingungslos als Eigentum seines Besitzers akzeptieren und innerhalb kürzester Zeit zum privaten Haushalt zählen. Das bedeutet allerdings nicht, dass er fremden Katzen wohlgesonnen gegenübertritt. Es kann zu wütenden Abwehrreaktionen kommen, wenn sich die Nachbarskatze in das Revier wagt.

Gemeinsame Kinderstube

Diese Probleme stellen sich nicht, wenn Katze und Hund zusammen aufgewachsen sind. Bereits in der Kinderstube lernen beide einander zu verstehen und zu respektieren. Optimale Voraussetzungen für ein harmonisches Zusammenleben.

Katzenzwist

Obwohl Katzen längst nicht so überzeugte Einzelgänger sind, wie ihnen nachgesagt wird, können zwischen ihnen ganz schön die Fetzen fliegen. Streitigkeiten ums Revier und Eifersucht sind die Hauptauslöser. Und wenn sich Katzen streiten, zerrt das auch ganz schön an den Nerven des Besitzers. Lautes Gemaule, wütendes Fauchen und tollkühne Angriffe gehen nicht spurlos an einem vorbei. Vor allem nicht nachts, wenn man sich eigentlich erholen möchte.

Plötzlich ist es mit dem Frieden vorbei. Kater Moritz legt seine Ohren an den Kopf, reckt sein hübsches Gesichtchen weit vor und faucht. Seine spitzen Zähne blitzen weiß auf, was seinen Konkurrenten sicherlich zutiefst beeindruckt. Seit einigen Wochen verliert Moritz die Fassung, wenn er beim Streifzug durch den Garten auf die dicke Nachbarskatze Bonny trifft. Eigentlich seltsam, denn früher sind sich die beiden ganz diplomatisch aus dem Weg gegangen.

Jetzt wird es ernst. Bonny hat ihrerseits Position bezogen und grollt mit bedrohlicher Stimme. Moritz scheint sich durch den Katzengesang zusätzlich angespornt zu fühlen und sträubt seine Nackenhaare. Die beiden Kontrahenten sitzen sich zum Kampf bereit gegenüber und starren sich an. Ein verzweifelter Ausruf des Zweibeiners kann nun nichts mehr ändern. Mit einer pfeilschnellen Bewegung springen die beiden kleinen Raubtiere aufeinander zu, verschmelzen zu einer zischenden Kugel und traktieren sich, bis dicke Fellbüschel durch die Luft fliegen.

Dann lassen sie voneinander ab und gehen getrennte Wege. Moritz grummelt mürrisch und schlüpft durch die geöffnete Terrassentür ins Innere des Hauses. Bonny hat sich ebenfalls getrollt und ist unter den Büschen des Nachbargartens verschwunden.

Aus Freundschaft kann auch Feindschaft werden.

Wenn sich die Beiden aus dem Weg gehen können und der Mensch den Zweien gleich viel Aufmerksamkeit schenkt, ist die Welt in Ordnung.

Territorialverhalten

Ohne Moritz in Schutz nehmen zu wollen: Aus Sicht der Verhaltensforschung hat sich der Kater völlig normal und ganz gemäß seiner Natur verhalten, als er Bonny angriff. Schließlich wagte die freche Katze des Nachbarn, ungefragt in das Revier des stattlichen Katers einzudringen, und das ist allemal ein Grund, das eigene Territorium zu verteidigen.

Ausgeprägtes Territorialverhalten ist übrigens die häufigste Ursache für Feindschaften zwischen Katzen, und interessanterweise sind nicht nur Miezen mit Freigang davon betroffen, sondern auch Stubentiger, die gemeinsam mit Artgenossen in den sicheren vier Wänden ihres Zweibeiners leben.

Clinch auf 70 Quadratmetern

Auch Ihr Bett kann ein Katzenterritorium sein – oder das Sofa, der Flur, der Platz unter dem Badezimmerschrank, die Fensterbank … Es ist völlig egal, ob Sie Ihren Katzen Freigang gewähren oder sie ausschließlich in der Wohnung halten: Ein eigenes Revier findet jeder Vierbeiner innerhalb kürzester Zeit. Ist die Wahl erst gefallen, wird das Miniterritorium notfalls auch gegen vierbeinige Mitbewerber verteidigt.

Wenn Sie feindlichen Aktivitäten vorbeugen wollen, weil Sie keine Lust haben, Ihre 70-Quadratmeter-Wohnung zum Schauplatz blutiger Katzenkämpfe werden zu lassen, sollten Sie darauf achten, dass jeder Ihrer Lieblinge ausreichend Rückzugsmöglichkeiten hat. Enge und wenig Auswahl an katzenfreundlichen Schlaf- und Kuschelplätzen fördern die Aggressionsbereitschaft.

Schaffen Sie Ausweichmöglichkeiten, indem Sie mehrere Kratzbäume und Liegeflächen aufstellen. Auch Sitzmöglichkeiten auf Fensterbänken werden meistens dankend angenommen. Wo viel geboten wird, gibt es auch weniger Streit.

Eifersucht

Die zweithäufigste Ursache für Feindschaften ist die Eifersucht. Wenn es um die Gunst des Zweibeiners geht, kennen Stubentiger keine Freunde. Da wird genau beobachtet, wer zuerst in den Genuss begehrter Streicheleinheiten kommt und wer das beste Futter erhält. Wehe, der vierbeinige Kumpel hat in der Küche heimlich ein Leckerchen bekommen, während man selbst – scheinbar schlafend – in der Liegemulde döste. Nach solch einem Fauxpas geht es rund.

Wenn Sie Zwistigkeiten zwischen Ihren Tieren vermeiden wollen, sollten Sie peinlichst darauf achten, Streicheleinheiten, liebe Worte und kulinarische Highlights gerecht unter Ihren Katzen aufzuteilen. Geben Sie ihnen keinen Anlass zur Eifersucht: Das ist die beste Vorbeugung gegen schlechte Stimmung und böse Schlägereien.

Tipps & Tricks bei Katzenstreit

Wenn sich Katzen so richtig in die Wolle kriegen, ist es mit dem Hausfrieden vorbei. Da wird gefaucht, geknurrt und mit scharfen Krallen zugeschlagen. Zerstrittene Vierbeiner zerren an den Nerven. Das weiß jeder, der schon einmal mit renitenten Stubentigern zu tun hatte. Folgende Tipps und Tricks können helfen, wenn es brenzlig wird. Allerdings helfen nicht alle Tricks bei allen Katzen. Sie müssen ausprobieren, was bei Ihrer Katze am wirkungsvollsten ist.

- Erziehen Sie Ihre Katzen. Zeigen Sie ihnen, dass Sie der Chef im Haus sind und Unstimmigkeiten keinesfalls dulden. Klatschen Sie in die Hände und sagen Sie „Nein!". Schenken Sie den Tieren Zuwendung, wenn sie voneinander ablassen, nachdem Sie sie dazu aufgefordert haben.

- Setzen Sie eine Wasserpistole ein, um die Streithähne auseinanderzubringen. Richten Sie den Wasserstrahl nicht auf die Köpfe, damit er nicht versehentlich ins Auge geht. Die meisten Katzen lassen voneinander ab, wenn man sie mit Wasser bespritzt. Nach dieser Erfahrung reicht es oft schon aus, die Wasserpistole drohend zu schütteln, wenn sich wieder Ärger anbahnt.

- Ist keine Wasserpistole zur Hand, aber Gefahr im Verzug, können Sie auch eine Decke über die streitenden Katzen werfen.

Ein kleiner Streit unter Freunden: Er sieht schlimmer aus, als er ist.

- Gehen Sie nie mit bloßen Händen zwischen zwei kämpfende Katzen. Sie können sich dabei schwere Biss- und Kratzverletzungen zuziehen.

- Pudern Sie die zerstrittenen Katzen mit Babypuder ein. Manche Vierbeiner lassen sich durch den identischen Geruch von Streitigkeiten abhalten.

- Sie können versuchen, Ihre Katzen mithilfe von Bachblüten (Beech) friedfertiger zu stimmen.

- TTouches wie der Wolken-Leopard-TTouch eignen sich auch dazu, die Angriffslustigkeit zu schmälern.

- Stellen Sie eine Duftlampe mit einem beruhigenden Aromaöl (zum Beispiel Melisse) auf.

- Lassen Sie Ihre Katzen kastrieren, falls sie potent sind und aus hormonellen Gründen Aggressionen zeigen.

- Sie sind Züchter und wollen ihre Zuchttiere nicht kastrieren lassen? Dann besteht unter Umständen nur die Möglichkeit, die Katzen räumlich voneinander zu trennen.

- Herrscht Dauerstreit, muss man darüber nachdenken, eine Katze abzugeben.

Schwanger?

Noch immer gibt es einige Frauenärzte, die ihren schwangeren Patientinnen raten, sich von ihren Katzen zu trennen. Warum? Weil von Stubentigern Krankheitserreger ausgehen können, die womöglich die Gesundheit des ungeborenen Kindes gefährden. Hierbei geht es in erster Linie um Toxoplasmose. Dabei lässt sich die Ansteckungsgefahr durch richtiges Verhalten gegen null senken. Hygiene hat hierbei einen ganz hohen Stellenwert.

Während einer Schwangerschaft kann man ruhig weiterhin seine Wohnung mit der Samtpfote teilen. Ein wenig Vorsicht ist allerdings geboten.

Toxoplasmose ist eine Infektionskrankheit, die bei einem gesunden, erwachsenen Menschen meistens unbemerkt verläuft. Die vordergründige Harmlosigkeit der Krankheit kann sich allerdings in eine akute Bedrohung verwandeln, wenn sich eine schwangere Frau erstmalig mit dem Toxoplasmose-Erreger infiziert. Während die werdende Mutter bei sich lediglich Symptome wie geschwollene Lymphknoten feststellt, kann das ungeborene Kind schwerste Schädigungen erleiden.

Man geht davon aus, dass viele Erwachsene bereits eine Toxoplasmose-Infektion durchlaufen haben und ohnehin gegen den Erreger immun sind. Ein Bluttest gibt hierüber Aufschluss.

Wie wird die Krankheit übertragen?

Rohes Fleisch (Mett, Tatar, „englisch" gebratene Steaks) gilt als Hauptüberträger des Erregers. Folglich sollten Schwangere auf den Verzehr nicht völlig durchgebratenen Fleischs verzichten.

Als zweite Übertragungsmöglichkeit kommt der Kot infizierter Katzen in Betracht. Hieraus ergibt sich, dass die Katzentoilette während der Schwangerschaft von einem anderen Familienmitglied gereinigt wird, oder die werdende Mutter trägt bei dieser Arbeit Gummihandschuhe. Bei Wohnungskatzen, die unter tadellosen hygienischen Bedingungen gehalten werden, ist der Toxoplasmose-Erreger sehr selten nachzuweisen.

Gartenarbeit kann auch zur Falle werden: Wer mit den Händen in der Erde wühlt, läuft Gefahr, mit dem vergrabenen Kot frei laufender Katzen in Berührung zu kommen und sich mit dem Toxoplasmose-Erreger zu infizieren. Deshalb gilt: Während der Schwangerschaft bei der Gartenarbeit Handschuhe tragen und regelmäßig Hände waschen.

Balis schwanzlose Schönheiten

Bali wird „Insel der Götter" genannt. Mystische Tempelanlagen, geheimnisvolle Skulpturen, Opferschälchen und Rituale prägen die Atmosphäre der indonesischen Insel. Die meisten Balinesen sind Hindus und leben in Harmonie mit der atemberaubend schönen Natur, die sie umgibt. Bali ist eine ganz besondere Insel, und dieses Kriterium trifft auch auf die dort lebenden Katzen zu: Die meisten ziert ein kurzes Stummelschwänzchen.

Langsam lichten sich die Nebelschwaden, die der Tempelanlage von Mengui mystischen Charme verleihen. Nur: Wo sind die schwanzlosen Tempelkatzen?

Plötzlich ist ein leises Maunzen zu vernehmen. Unter einem pagodenähnlichen Dach rekelt sich eine rötliche Katze im Morgenlicht. Die Vorderpfoten sind genüsslich nach vorn gestreckt, das Hinterteil hoch in die Luft gereckt und das Mäulchen zu einem ausgiebigen Gähnen geöffnet, und…? Tatsächlich! Ihr Schwanz ist nur halb so lang wie der von normalen Stubentigern. Ob sich da nicht einer dran zu schaffen gemacht hat?

Saftig grüne Reisterrassen prägen das Bild der Insel.

Rätselhaft

Ich bitte meinen Führer Wayan, einen alten Mönch über diese Katze zu befragen. Unser Begleiter lacht schallend, als ich ihm erkläre, dass ich gern wissen möchte, ob die Balinesen die Schwänze ihrer Katzen abschneiden oder ob dies eine angeborene Mutation sei. „Abschneiden? Hier schneidet niemand Katzen die Schwänze ab. Da bin ich mir ganz sicher", behauptet der Hindu.

Kurz darauf erklingt wieder Gelächter. Dieses Mal ist es der alte Mönch, der uns sein lückenhaftes Gebiss zeigt. Er hat die gichtigen Finger auf den Besenstil gestützt, sein hageres Kinn darauf gelegt und blinzelt verwegen. Er blickt zu der kurzschwänzigen Katze und spricht mit Wayan. „Seht ihr? Es ist, wie ich gesagt habe. Keiner der Mönche würde einem Tier den Schwanz abschneiden." Ich möchte wissen, ob der Mönch gesehen habe, wie Kätzchen ohne Schwanz geboren werden. Das verneint der weise Mann. Die Katzen kämen immer als bereits ausgewachsene Tiere in die Tempelanlage. Bei einer Geburt sei er noch nie anwesend gewesen. Also gibt es vielleicht doch jemanden, der keine langen Katzenschwänze mag? Der Mönch will sich nicht auf diese Diskussion einlassen und zuckt lächelnd mit den Schultern. Hier komme ich nicht weiter. Doch damit gebe ich mich nicht zufrieden.

Nachgehakt

Als Nächstes besuche ich den deutschen Auswanderer Jochen Kaufmann. Auch er besitzt eine wunderschöne Katze, deren Schwanzlänge deutlich unter der des Durchschnitts liegt. „Die Katze meiner Schwester Sabine hat nur einen ganz kurzen Stummel. Bei meiner sind ungefähr zwei Drittel des Schwanzes erhalten“, erzählt er. Weiß er, warum auf Bali kaum eine Samtpfote eine normale Schwanzlänge aufweist?

„Ich habe noch nie davon gehört, dass Balinesen ihren Katzen die Schwänze abschneiden. Meiner Meinung nach handelt es sich bei der Kurzschwänzigkeit um eine natürliche Mutation, die sich autosomal-rezessiv vererbt. Das heißt, dass zwei Katzen, die ein Gen für einen verkürzten Schwanz haben, auch schwanzlose Kätzchen zur Welt bringen. Trägt nur ein Elterntier das Gen, können bei dem Wurf normalschwänzige Kätzchen entstehen, die jedoch selbst wiederum Träger des besagten Gens sind. Da Bali eine relativ kleine Insel ist, treffen offensichtlich oft zwei Katzen aufeinander, die beide Gene für Kurzschwänzigkeit haben. Daher die vielen ungewöhnlich kurzen Schwanzvariationen“, vermutet Jochen Kaufmann.

Hier sind zwei Drittel der Schwanzlänge erhalten. Für einen Balinesen ist das schon eine ganze Menge Schwanz!

Variationen

Interessanterweise gibt es auf Bali ganz unterschiedliche Schwanzvariationen. Manche Katzen tragen anstelle eines Schwanzes nur einen winzig kleinen Stummel, dessen Haare struppig abstehen. Andere Miezen haben ein Schwänzchen, das circa ein bis zwei Drittel einer normalen Schwanzlänge ausmacht, und oft ist ihr Schwanzende etwas knubbelig. Häufig sieht man auch Katzenschwänze mit Knicken und anderen Deformationen. Auf den Gleichgewichtssinn oder den Bewegungsablauf scheint diese Eigenart keinerlei Einfluss zu haben. Balinesische Katzen tollen genauso ausgelassen umher wie unsere Stubentiger.

Kurze Stummelschwänze sieht man oft bei Balis Katzen. Sozusagen der Bobtail unter den Samtpfoten.

Manche haben zudem noch einen Knick. Ob das schön ist oder nicht, ist Geschmackssache. Es ist zumindest unverwechselbar.

Herzlich willkommen

Warum man Katzenhalter wird

Sie haben sich dazu entschlossen, Ihr Leben mit einer Katze zu bereichern? Oder gleich mit mehreren? Dann gehören Sie vermutlich zu den „Katzenmenschen". Eine Spezies, die bei ihrem vierbeinigen Begleiter bestimmte Eigenschaften schätzt: Selbstbewusstsein, Eigenständigkeit und ein Hauch Wildheit – um nur einige zu nennen. Vielleicht unterscheidet genau das typische Katzenhalter von typischen Hundehaltern. Bei Bello & Co. wird doch eher Gehorsam erwartet.

Sollten Sie der schnurrenden und der bellenden Zunft gleichermaßen verfallen sein, dürfen Sie ruhig weghören. Sie gehören dann eben zu einer eher seltenen Spezies, die offensichtlich meisterlich mit Widersprüchen umgehen kann. Diese Worte gelten vielmehr all denjenigen, deren Herz für den selbstbewussten Charme einer Katze schlägt und sich mit Skepsis füllt, sobald der Gedanke an einen eigenen Hund im Familienrat dreiste Artikulierung findet.

Katzenhalter lieben das Außergewöhnliche.

Sind erklärte Stubentiger-Fans Opfer ihrer eigenen, Vorurteil beladenen Fantasie, oder ist tatsächlich etwas dran an den bisweilen rigorosen, psychologischen Keulenschlägen, die Freunde der zutiefst unterschiedlich strukturierten Spezies nur allzu gern auf das Haupt ihrer „Widersacher" prasseln lassen? Wie auch immer. Auf jeden Fall verbindet sie die Liebe zum Tier und das ist schließlich das Wichtigste.

So sind Katzen…

Lassen Sie uns Klartext sprechen: Katzen sind selbstbewusst, unabhängig und lassen sich nicht von „Hinz und Kunz" gängeln. Mit herzerweichendem Blick und unerträglich niedlich auf und ab wippender, rosafarbener Zunge vor uns Männchen machen, um ein Leckerchen oder zumindest nur ein kurzes lobendes Wort von der zweibeinigen Gottheit zu erhaschen? Darauf können Sie bei einer Mieze lange warten.

Unterwürfigkeit, Kadavertreue bis in den Tod und hemmungslose Selbstaufgabe überlässt ein gestandener Stubentiger lieber dem „besten Freund" des Menschen. Der möchte seinem Menschen in der Regel gefallen. Disharmonie innerhalb des Rudels ist ihm zuwider. Katzen können hingegen durchaus wochenlang schmollen, wenn ihnen etwas gegen den Strich geht.

„Herrchen, ich komme!" Hunden wollen ihrem Menschen gefallen.

Der typische Katzenhalter

Ein Katzenhalter lässt sich nicht davon beirren, dass sein Vierbeiner demonstriert: „Ich komme auch ohne dich zurecht." Anstatt frustriert das Handtuch zu werfen, das Wohlwollen des eigensinnigen Gegenübers zu gewinnen.

Hunde mögen es nicht, wenn die Harmonie gestört ist. Nach Möglichkeit soll immer Friede, Freude, Eierkuchen herrschen.

So sind Hunde …

Ganz anders verhält sich die Sache bei einem Hund, für den es nichts Wichtigeres gibt, als seinem Herrchen oder Frauchen Wohlgefallen zu bereiten. Nennen wir es doch beim Namen: Ein Hund will „geknechtet" werden. Er braucht Befehle, die er befolgen kann, und buhlt schamlos um unsere Gunst. „Sitz!", „Platz!", „Fuß!", „Mach toter Hund!" – Ja, da freut sich der devote Vierbeiner.

Der typische Hundehalter

Führen wir diesen Gedanke zu Ende, drängt sich die Vermutung auf, dass Hundehalter es genießen, Kommandos zu erteilen, die sofort bedingungslos befolgt werden. Katzenhafte Widerspenstigkeit ist ihnen ein Gräuel. – Sie wollen nichts dem Zufall überlassen, sondern stets Herr der Situation sein.

Nicht, dass überzeugte Katzenfreunde Vorurteile gegenüber Hundehaltern pflegen: Es liegt in ihrem Naturell, selbst gänzlich andersgearteten Spezies mit Toleranz zu begegnen. Das haben sie schließlich von ihren schnurrenden Lieblingen gelernt. Außerdem gibt es ja auch Katzenhalter, die ihr Leben mit Hunden teilen. Sie schätzen die unterschiedlichen Qualitäten beider Tiere und können sich problemlos darauf einstellen.

Wiesen-Schönheit oder Rassemieze?

Sie wollen Ihr Leben künftig mit einer Katze bereichern? Dann sollten Sie darüber nachdenken, ob es eine Wald-und-Wiesen-Schönheit oder eine Rassekatze sein soll. Das macht keinen Unterschied? Oh doch. Und das betrifft nicht nur den Kaufpreis. Während sich viele Rassekatzen auch in reiner Wohnungshaltung wohlfühlen, bestehen die meisten stammbaumlosen Samtpfoten auf Auslauf. Bleibt ihnen der Spaß verwehrt, leiden oft Polstermöbel und Tapeten darunter.

Eines vorab: Jede Katze verdient Respekt und Zuneigung. Eine Rassekatze ist nicht mehr wert, nur weil sie vielleicht 1000 Euro gekostet hat. Finanziell gesehen ist sie zwar „Kostbarer", aber ideell besteht keinerlei Unterschied. Eine herrenlose Katze aus dem Tierheim vermag ihrer neuen Familie ebenso viel Lebensfreude und Abwechslung zu schenken wie ein edles Kätzchen mit einem ellenlangen Stammbaum.

Freiheit

Dennoch gibt es Unterschiede, die zwar vielleicht nicht auf jede Katze zutreffen, aber doch häufig zu beobachten sind:

So genannte Wald-und-Wiesen-Katzen tragen ihren Namen nicht umsonst. Die meisten Katzen, die keiner bestimmten Rasse angehören, schätzen ihre Unabhängigkeit

Auch Katzen ohne Stammbaum können wunderschöne Fellzeichnungen haben.

und verfügen über einen ausgeprägten Freiheitsdrang. Sie sind glücklich, wenn sie Haus oder Wohnung nach Belieben verlassen können, um in der „freien Wildbahn" Abenteuer zu bestehen.

Weiche Kuschelkörbchen und Nickerchen in Satinkissen sind ihnen oftmals ein Gräuel. Verstecke im hohen Gras oder unter Gebüschen üben einen weitaus größeren Reiz aus, weil es dort auch einfach mehr zu beobachten gibt.

Verwehrt man einer gestandenen Straßenmieze diesen Freizeitspaß und sperrt sie in der Wohnung ein, kann es zu massiven Verhaltensstörungen und Protestaktionen kommen.

Rassekatzen haben oft keinen so ausgeprägten Freiheitsdrang, vor allem, wenn der Ruf der Freiheit sie nie ereilt hat.

Sie vermissen nichts

Wer keine Möglichkeit hat, seiner Katze Freilauf zu gewähren, sollte über die Anschaffung einer Rassekatze nachdenken oder ein Hauskätzchen wählen, das nicht über den beschriebenen Freiheitsdrang verfügt.

Es gibt eine Vielzahl von Rassen, die sich in katzengerecht gestalteten Wohnräumen „pudelwohl" fühlen und in keiner Weise Verhaltensstörungen entwickeln, wenn man ihnen keinen Freilauf gewährt. Diese Tatsache entkräftet Äußerungen von selbst erklärten Tierschützern, die die Wohnungshaltung von Katzen generell als schwere Tierquälerei abstempeln. Es ist kurzsichtig und zeugt von Unerfahrenheit, wenn man Behauptungen, die mehr von Emotionalität als von Kompetenz geprägt sind, einfach in den Raum stellt.

Sie wäre unglücklich, wenn man ihr die Freiheit nehmen würde. Wer will schon eingesperrt sein, wenn man weiß, wie schön es draußen ist?

Pflegeaufwand

Ein weiterer Unterschied zwischen Haus- und Rassekatzen kann in der Fellpflege bestehen. – Dies trifft allerdings nicht für kurzhaarige Rassekatzen zu. Halblanghaarige oder langhaarige Rassekatzen sind teilweise sehr pflegeintensiv. Perser müssen täglich gebürstet werden; bei Semilanghaarkatzen sollte man mindestens ein- bis zweimal pro Woche zum Pflegeequipment greifen. Hauskatzen verfügen in der Regel über kurzes, pflegeleichtes Fell. Nur während des Fellwechsels sollten auch sie gebürstet werden.

Kater oder Katze?

Kater oder Katze? Männlein oder Weiblein? Minka oder Peterle? Gibt es da – abgesehen von organischen Differenzen – überhaupt Unterschiede? Sind die Damen der Schöpfung anders geeicht als ihre maskulinen Mitstreiter, oder hängen Verhalten und Wesen beider Spezies vom individuellen Gen-Mix ab? Manche behaupten, Kater seien verschmuster – zumindest wenn sie kastriert sind. Andere beteuern genau das Gegenteil.

Diese Fragen sollten erlaubt sein, zumal sich ein zukünftiger Katzenhalter mit Verantwortungsbewusstsein bereits vor der Adoption eines schnurrenden Freundes Gedanken darüber macht, ob wohl eher ein Kater oder eine Katze in den Haushalt passt.

Träumt er von einer possierlichen Kinderstube und kleinen Kätzchen, die auf tapsigen Pfoten die Welt erkunden, ist die Antwort schnell gefunden: Das Recht auf einen reichen Kätzchensegen ist nun einmal den weiblichen Geschöpfen vorbehalten, auch wenn sich manche Kater redlich Mühe geben, auch eine gute Mutter abzugeben. Mit dem Kinderkriegen klappt es bei ihnen trotzdem nicht.

Züchterische Ambitionen

Katzendamen sind unumgänglich, wenn man das Wunder des Kätzchenbekommens in den eigenen vier Wänden erleben möchte. Auch wer züchterische Ambitionen pflegt, ist mit einem weiblichen Katzenbestand besser beraten als mit einem lauthals röhrenden und markierenden Katerbataillon, das gern ausschwärmt, um die rolligen Kätzinnen der Nachbarschaft zu beglücken. Eine oder mehrere weibliche Katzen sind nun einmal der sinnvollste Grundstein jeder Zucht, und daran wird sich auch bei aller Liebe für anschmiegsame Kater nichts mehr ändern.

Wer Rassekatzen züchten will, ist auf potente Tiere angewiesen. Hier ein hübsches Katzenmädchen, das zur Zucht zugelassen ist.

Deckstation

Nun gut, wir können den Spieß auch umdrehen: Sie wollen züchten und erwerben zu diesem Zweck einen vielversprechenden Herrn. Ihre Wohnung avanciert zur Deckstation und bietet Raum für heiße Hochzeitsnächte. Zuvor haben Sie Ihren Adonis natürlich mehrfach auf Ausstellungen mit Ehren überhäufen und von begeisterten Blicken streifen lassen. Denken Sie daran: Nur wer Erfolge vorweisen kann und in der Katzenszene einen exzellenten Ruf genießt, findet auch die passenden Damen für seinen Kater. Regelmäßige Gesundheitschecks, die selbstverständlich ebenfalls von der liebeshungrigen Damenwelt verlangt werden, sind auch Routine für jeden seriösen Deckkater-Besitzer.

Und wenn er markiert?

Wir sollten nicht an Deckkater denken, ohne eine geruchsintensive Untugend zu erwähnen, die so manchen Besitzer holder Männlichkeit auf das Skrupelloseste schikaniert. Ja, es ist vom Harnspritzen die Rede; von einer Ferkelei sondergleichen, die nicht nur eine Beleidigung der Nase mit sich bringt, sondern womöglich gleichzeitig den gesamten geruchsempfindlichen Freundeskreis fernhält.

Tapeten, Möbel, Teppiche und Gardinen werden eifrig mit Urin bespritzt, und auch wenn nicht alle potenten Kater wirklich markieren, schwebt die Gefahr des geruchsintensiven Erlebnisses wie ein Damoklesschwert über dem Haupt vieler Katerhalter.

Das kann helfen

Eine Kastration des Katers hilft meistens, das Übel zu beseitigen. – Mit den Träumen von der Deckstation ist es dann allerdings vorbei. Die Mehrzahl der Tiere stellt ihr Markierungsverhalten nach der Kastration ein. Der Anblick einer rolligen Katze kann allerdings auch bei kastrierten Katern Harnspritzen provozieren. Auch das Auftauchen eines Artgenossen im Revier kann zu ähnlichen Verhaltensweisen führen.

Kastration

Wenn Sie nur einen liebevollen Hausgenossen suchen, der freundlich sein Köpfchen an Ihnen reibt und nicht durch die typischen Merkmale unkastrierter Katzen und Kater auffällt, sollten Sie Ihren Liebling kastrieren lassen, sobald es seine körperliche Entwicklung zulässt. Im kastrierten Zustand erweisen sich sowohl die männlichen als auch die weiblichen Vertreter der Katzenwelt als anschmiegsamer, umgänglicher und ausgeglichener. Sie sollten einfach das Kätzchen aussuchen, das Ihnen von Anfang an zugetan ist – ganz gleich, ob Kater oder Katze. Denn das ist die beste Voraussetzung, um ein Vierbeiner zu finden, an dem man in den nächsten 14 bis 20 Jahren seine helle Freude hat.

Dicke Pausbacken sind typisch für potente Britisch-Kurzhaar-Kater. Dieses Exemplar ist ein wahrer Prachtkerl.

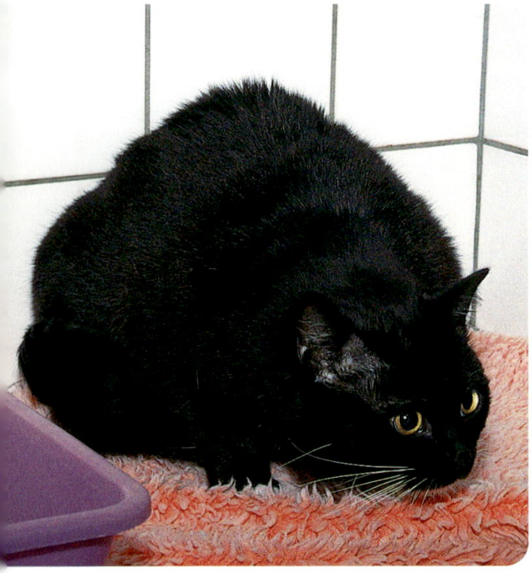

Eine Katze aus dem Tierheim

Die Idee, ein gutes Werk zu tun, ist schnell gefasst. Die Adoption einer Tierheim-Katze ist eine gute Tat und schon oft haben sich auf diesem Weg Freunde gefunden. Doch es gibt auch die Gegenseite: Menschen, die dem bittenden Blick eines Tierheimtieres nicht widerstehen können und erst Wochen später feststellen, dass sie überhaupt nicht dazu in der Lage sind, mit ihrem neuen Familienmitglied zurechtzukommen.

Die Situation der betroffenen Katzen verschlechtert sich durch eine Rückgabe ans Tierheim rapide. Erneut erleben sie einen Vertrauensbruch: den Verlust ihrer Bezugspersonen, eine Veränderung des Lebensraums, Orientierungslosigkeit. Die Anzahl traumatischer Erlebnisse potenziert sich. Viele Katzen reagieren darauf mit Verhaltensstörungen und einem tief sitzenden Misstrauen gegenüber Menschen.

Das Katzenglück hat zwei Seiten

Wer sich dazu entschließt, einem ausgesetzten oder im Tierheim abgegebenen Vierbeiner eine neue Heimat zu bieten, sollte sich diese Entscheidung reiflich überlegen. Katzen stellen nun einmal bestimmte Anforderungen an ihre Besitzer, und diesbezüglich stehen Tierheimkatzen ihren kostspieligen reinrassigen Artgenossen in nichts nach.

Katzen sind wundervolle Wesen, die ein menschliches Leben durchaus bereichern und abwechslungsreicher machen. Katzen sind allerdings auch Wesen, die unter Umständen ab und zu an Tapeten und Polstermöbeln kratzen, aus Protest auf das gute Sofa urinieren, den Teppich mit unzähligen Haaren verschönern, sich von Zeit zu Zeit aus vollem Hals übergeben und von ihren Besitzern tägliche Aufmerksamkeit und Zuneigungsbeweise fordern. Katzen lassen sich auch nur bedingt erziehen: Wer von ihnen die Folgsamkeit eines gedrillten Schäferhundes erwartet, wird sicherlich bitter enttäuscht werden.

Reif für eine Tierheimkatze?

- Habe ich überhaupt die Möglichkeiten und genügend Zeit, um eine Katze artgerecht zu halten?
- Sind andere Haustiere vorhanden? Kann man die Tierheimkatze in die vorhandene Gruppe integrieren?
- Wähle ich eine Wohnungskatze oder einen Freigänger?
- Weiß ich, was eine Katze zum Wohlfühlen braucht?
- Bin ich dazu bereit, die adoptierte Katze auch dann zu behalten, wenn sie nicht meine Erwartungen erfüllt?
- Habe ich mich ausreichend über das Wesen und die Ansprüche von Katzen informiert?
- Weiß ich, wie ich der Katze über die Eingewöhnungsphase hinweghelfen kann oder kenne ich jemanden, der mir hilft?

Money, money

Geld sollte keine Rolle spielen, wenn es um Tierliebe geht. Mit leerer Geldbörse steht man als Katzenbesitzer jedoch recht ratlos dar. Ernährung, artgerechte Haltung und tierärztliche Betreuung verschlingen viele Euros. Deshalb sollte man sich vor der Anschaffung eines Stubentigers durchrechnen, welche Kosten auf einen zukommen. Das sind allerdings nur Mittelwerte. Falls die Katze krank wird oder einen Unfall hat, können sich schnell sehr hohe Tierarztkosten anhäufen.

Eine Rassekatze hat ihren Preis. Für ein Kätzchen aus einer seriösen Hobbyzucht müssen Sie mit einem Kaufpreis von 400 Euro aufwärts rechnen. Handelt es sich bei dem Jungtier um ein besonders typvolles Exemplar oder um eine seltene Rasse, dürfen Sie noch mehr investieren. Der Verkaufspreis eines Kätzchens kann in der Regel nicht weit unter 400 Euro liegen. Die Deckgebühr, die tierärztliche Versorgung, die Aufzucht, Futter, Einstreu, Impfungen, Entwurmungen, Stammbäume und ein erheblicher zeitlicher Aufwand verursachen Kosten, die kein Züchter durch den Verkauf der Jungtiere ausgleichen kann. Rassekatzen, die zu Schleuderpreisen angeboten werden, stammen nicht aus seriösen Zuchten . Schaut man bei Billiganbietern hinter die Kulissen, entdeckt man oft: Krankheit, Schmutz und Massenproduktion.

Stubentiger brauchen allerhand an Auststattung. Ein Kratzbaum beziehungsweise Kratzbrett und eine Spielzeugmaus gehören auf jeden Fall dazu.

Futter, Einstreu, Tierarzt

Abgesehen vom Kaufpreis kommen noch andere Kosten auf den Katzenbesitzer zu: Das Kätzchen muss regelmäßig entwurmt und geimpft werden. Die Kosten hierfür belaufen sich auf ungefähr 45 bis 75 Euro pro Jahr. Für die Grundausstattung (Futternäpfe, Katzentoilette, Kratzbaum, Spielzeuge, Bürsten, Schlafhöhlen etc.) sollten Sie mindestens 125 bis 175 Euro einplanen.

Natürlich haben auch Katzenfutter und Einstreu ihren Preis: Der Preis für den Tagesbedarf an Fertigfutter variiert zwischen 45 Cent und 3 Euro. Auch beim Trockenfutter gibt es Unterschiede: Je nach Qualität schwankt der Preis zwischen 1,00 und 7,50 Euro pro Kilogramm. Wenn Sie Wert auf Qualität legen, sollten Sie mit circa 55 Euro Futterkosten pro Monat rechnen.

Der Preis der Einstreu bewegt sich in etwa zwischen 5,00 und 12,50 Euro pro 20-Kilogramm-Beutel. Wie viel Sie verbrauchen, hängt von der Qualität der Einstreu und der Anzahl der Katzen ab. Durchschnittlich verbraucht eine Katze einen 20-Kilogramm-Sack Klumpstreu in vier bis sechs Wochen. Sie können also circa 10 Euro zu den Futterkosten dazurechnen.

Weitere Kosten entstehen für Leckerchen, neue Spielzeuge, Zusatzfuttermittel, Pflegeutensilien und andere Accessoires.

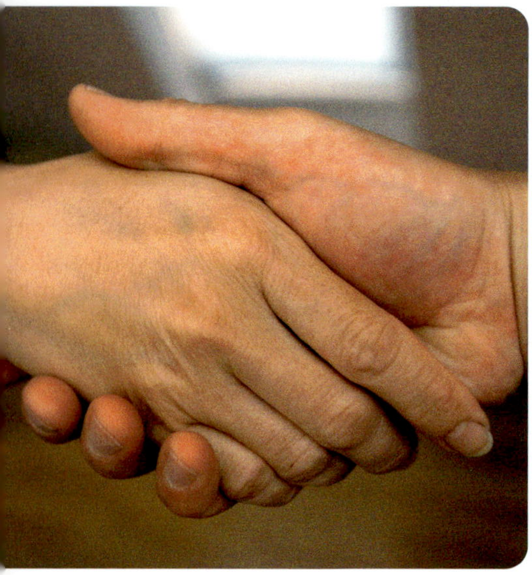

Kauf- und Schutzverträge

Ein Kätzchen vom Züchter oder Tierschutzverein? Meistens ist ein Vertrag im Spiel. Worauf muss man eigentlich achten, um als Unterzeichner des Papierkrams später nicht übers Ohr gehauen zu werden? Es ist ganz wichtig, sich mit diesem Thema zu beschäftigen. Denn ansonsten ist der Ärger vorprogrammiert. Katzenzüchter und -käufer landen bei Unstimmigkeiten recht schnell vor Gericht und streiten dort über den Vierbeiner weiter.

Wer ein Rassekätzchen von einem seriösen Züchter erwirbt, kommt nicht umhin, ihn zu unterzeichnen: Ein Kaufvertrag steht nun einmal am Anfang der meisten Katze-Mensch-Beziehungen – auch wenn er zutiefst unromantisch ist. Trotz aller Vorfreude auf das neue Familienmitglied gilt es nun, genau zu lesen und im Zweifelsfall mit einem Rechtsanwalt Rücksprache zu halten, bevor das Schriftstück unterzeichnet wird. „Nicht alle von Laien formulierten Verträge sind rechtskräftig. Sollte der Züchter keinen Vordruck haben, der beispielsweise vom zuständigen Zuchtverband ausgestellt wird, ist es auf jeden Fall ratsam, vor der Unterzeichnung einen Fachmann zurate zu ziehen“, empfiehlt der Mülheimer Rechtsanwalt Marc Hessling.

Schriftlich oder mündlich?

Kaufverträge werden in der Regel schriftlich aufgesetzt. Zwar sind auch mündliche Vereinbarungen durchaus rechtskräftig, meistens im Nachhinein aber schwierig zu beweisen. „Beim Abschluss mündlicher Verträge sollten neutrale Zeugen anwesend sein“, betont der Rechtsanwalt. Damit seien Personen gemeint, die mit den beiden vertragsschließenden Parteien weder verwandt noch verschwägert seien. Auch sollten sie in keinem Abhängigkeitsverhältnis zum Käufer oder Verkäufer stehen, also beispielsweise bei einem der beiden angestellt sein. Um Schwierigkeiten zu vermeiden, sollten Katzenkäufer auf jeden Fall auf einen schriftlichen Kaufvertrag bestehen. Ein mündlicher kann sich unter Umständen zur Falle entwickeln. Im Zweifelsfall sollten Sie den Vertrag von einem Anwalt prüfen lassen.

Auch wenn Ihr Herz am Kätzchen hängt – kein Kauf ohne Vertrag. Zum Knuddeln bleiben Ihnen noch viele gemeinsame Jahre.

Schutzverträge sollen das Wohlergehen des Kätzchens absichern.

Gewährleistungsklauseln

Dass Tierschutz stärker wiegt als Gewährleistungsklauseln, hat das Essener Amtsgericht festgelegt (Az.: 13 S 84/03). Im konkreten Fall wurde per Vertrag geregelt, dass der Verkäufer Fehler des Kaufgegenstandes (z. B. Krankheit des Tieres) nachbessern oder eine Ersatzlieferung durchfuhren darf. Besteht jedoch tierärztlicher Handlungsbedarf, ist der Tierbesitzer nicht dazu verpflichtet, den Vierbeiner zurück zum Züchter zu bringen. Er sollte direkt für eine tierärztliche Betreuung sorgen und später die Kosten beim Züchter einfordern. „Dies geht jedoch nur dann, wenn die Ursache für die Erkrankung bereits vor dem Zeitpunkt des Verkaufs existierte. Das ist manchmal schwer nachzuweisen", gibt Rechtsanwalt Marc Hessling zu bedenken. Für Verletzungen oder Erkrankungen, die eine Katze nach dem Verkauf erwirbt, haftet der Züchter nicht.

Schutzvertrag

Schutzverträge werden meistens dann geschlossen, wenn man eine Katze aus dem Tierheim oder von einem Tierschutzverein übernimmt. Das Wohlbefinden des Tieres steht hierbei im Mittelpunkt. Deshalb thematisiert ein Schutzvertrag folgende Punkte: artgerechte Haltung, kompetente Versorgung, medizinische Betreuung und Zuwendung. Auch Kontrollrechte der Tierheime finden hierdurch Regelung. Ansonsten gleichen Schutzverträge inhaltlich Kaufverträgen. Solange sie von Tierheimen und renommierten Tierschutzorganisationen ausgestellt werden, sind keine juristischen Fallen zu erwarten.

Was muss drinstehen?

Ein Vertrag legt Rechte und Pflichten der Vertragspartner fest. Damit er notfalls auch vor Gericht Bestand hat, müssen folgende Punkte beinhaltet sein:

- **Name und Anschrift des Verkäufers**
- **Name und Anschrift des Käufers**
- **Angabe des Kaufgegenstandes (Rasse, Farbe, Geschlecht, Zuchtbuchnummer, Name)**
- **Angabe des Kaufpreises**
- **Datum und Unterschrift des Verkäufers**
- **Datum und Unterschrift des Käufers**

„Wenn ich ein Kätzchen verkaufe, werden zusätzlich Sonderregelungen vereinbart, um das Tier zu schützen. Ich lasse mir ein **Vor- und Rückkaufsrecht** einräumen und formuliere ein **Weiterverkaufsverbot**. Damit schließt man aus, dass das Kätzchen in die Hände eines Händlers gerät oder von Privatpersonen an irgendwelche Leute weiterverkauft wird", rät BKH-Züchterin Ilse Weidner (65). Zuchtverbote, Probezeiten und spezielle Bezeichnungen wie „Liebhaber-, Zucht- oder Ausstellungstier" könnten ebenfalls vermerkt werden.

Der Stammbaum

Beim Kauf eines Rassekätzchens wird ein Stammbaum aushändigt. Dieser sollte von einem renommierten Zuchtverband ausgestellt sein und Auskünfte über vier Katzengenerationen enthalten. Der Stammbaum gilt auch als Eigentumsnachweis. Verliert man ihn, ist der Verlust sofort dem Verband zu melden. Der wird sich um die Ausstellung eines neuen Stammbaums bemühen. Dasselbe gilt bei Diebstahl.

Das Deckblatt des Stammbaums gibt Auskunft über den Namen und die Anschrift des Verbandes, bei dem das Kätzchen registriert ist. Im inneren Teil befinden sich: die Zuchtbuchnummer, Name und Anschrift des Züchters, der Name des Jungtieres, sein Geschlecht, das Wurfdatum, seine Farbe und die genaue Rassebezeichnung.

Des Weiteren erfährt man die Namen und Farben der Elterntiere, der Großeltern, der Urgroßeltern und der Ururgroßeltern sowie die von diesen Tieren errungenen Titel.

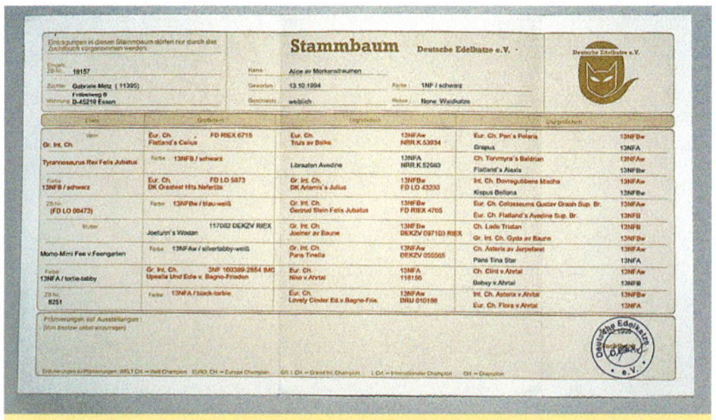
Stammbaum
Deutsche Edelkatze e.V.

So sieht er aus, der Stammbaum. Er verrät unter anderem Name, Alter und Geschlecht des Kätzchens und gibt Auskunft über dessen Ahnen.

Titel

Der Stammbaum enthält eine Rubrik, in der Prämierungen eintragen werden. Titel-Bewertungen müssen dem Verband gemeldet werden. So wird der erworbene Titel registriert und bei den nächsten Jungtierstammbäumen berücksichtigt.

Veränderungen innerhalb des Stammbaumes darf man nicht persönlich vornehmen. Farb- oder Geschlechtskorrekturen erfolgen durch einen Zuchtrichter.

Stammbäume obliegen den Bestimmungen des jeweiligen Verbandes. Züchtende Mitglieder müssen sich an den festgelegten Zuchtrichtlinien orientieren. Kauft man also ein Jungtier, das über den Stammbaum eines Verbandes verfügt, sollte gewährleistet sein, dass es aus einer kontrollierten Zucht stammt.

Zum Wohl der Katze

Zu den Bestimmungen gehört, dass Zuchtkatzen erst ab dem vollendeten ersten Lebensjahr und frühestens drei Monate nach dem letzten Wurf gedeckt werden dürfen. Die Anzahl der Würfe ist auf maximal zwei innerhalb von zwölf Monaten begrenzt.

Die Verpaarung von Vollgeschwistern ist nach einem Genehmigungsverfahren gestattet. Dazu muss der Züchter nachweisen, dass die Verpaarung zu einer Verbesserung des Zuchtziels führt. Die aus der Verpaarung entstehenden Jungtiere erhalten ihre Stammbäume erst, nachdem ein ärztliches Gutachten vorgelegt wurde. Das gleiche Prozedere steht bevor, wenn Elterntiere verpaart werden sollen, in deren Ahnenreihen neun oder weniger unterschiedliche Vorfahren auftreten.

EU-Heimtierausweis

Der Personalausweis gehört zum Gepäck des EU-Reisenden wie Sonnencreme zum Sommerurlaub. Seit 2004 kommen auch Katzen nicht mehr ohne persönliche Papiere aus. Da begann die Ära des EU-Heimtierausweises, der die Ausbreitung der gefürchteten Seuche Tollwut verhindern soll. Von der Regelung betroffen ist jeder Katzen-, Hunde- oder Frettchenhalter, der mit seinem Tier die Grenze zu einem EU-Land überquert. Den Ausweis bekommt man beim Tierarzt.

Daran müssen Sie denken

Zu den neuen Regelungen gehören folgende Bestimmungen:

- Das Tier muss mit einer deutlich lesbaren **Tätowierung** oder einem **Mikrochip** gekennzeichnet sein.
- Es muss über einen **Tollwutschutz** verfügen, der im Heimtierausweis vermerkt ist.
- ESine Begleitperson muss einen **EU-Heimtierausweis** mit sich führen.

Diese Bestimmungen gelten ausschließlich für Privatpersonen, die maximal fünf Tiere mit sich führen.

Sonderregelungen

Wer mit seiner Katze ins **Vereinigte Königreich**, nach **Schweden** oder **Irland** reist, unterliegt **verschärften Bestimmungen**, da diese Länder als tollwutfrei gelten und bleiben wollen. „Der Tollwutimpfschutz muss mittels einer Blutprobe nachgewiesen werden, außerdem ist der Nachweis über eine Zecken- und Bandwurmbehandlung zu erbringen", erklärt Tierarzt Dr. Oliver C. Schmid. Diese Sonderregelungen gelten vorerst für einige Jahre, danach wird an eine Angleichung an die für die restlichen EU-Mitgliedsstaaten geltenden Vorschriften gedacht.

Kosten

Welche Kosten der EU-Heimtierausweis für Katzenhalter mit sich bringt, sollte jeder bei seinem Tierarzt erfragen. Die Kosten werden nach der gültigen Gebührenordnung für Tierärzte berechnet und variieren abhängig davon, ob Kennzeichnungen, Impfungen etc. vorgenommen werden müssen oder nicht.

Braucht ihn jeder?

Der EU-Heimtierausweis ist nicht für alle Katzenbesitzer bindend. Wer nicht mit seinem Tier in ein EU-Mitgliedsland reist, braucht ihn nicht, sondern kann dem gelben Impfausweis weiterhin die Treue halten. Wer in ein Drittland reist, das nicht zur EU gehört, unterliegt den Vorschriften des jeweiligen Landes.

Ab in den Süden, der Sonne hinterher… Der EU-Heimtierausweis gehört ins Gepäck.

Die Erstausstattung

Endlich ist es soweit: Ein Kätzchen kommt ins Haus! Damit es sich in der ungewohnten Umgebung wohlfühlt, sollte man bereits vor dem Einzug des neuen Familienmitglieds einige Vorbereitungen treffen: Dazu gehört der Einkauf von Futter- und Wassernäpfen, Pflege-Equipment und Spielzeug. Katzen-Toilette, Einstreu und ein standfester Kratzbaum dürfen natürlich auch nicht fehlen, wenn sich das neue Familienmitglied gleich richtig wohl fühlen soll.

Zum Basis-Equipment gehören Futter- und Wassernäpfe. Gut geeignet sind Näpfe aus Edelstahl oder glasierter Keramik. Von porösen und unebenen Materialien ist abzuraten: Sie sind schlecht zu reinigen und entwickeln sich innerhalb kürzester Zeit zu Bakterienherden, die die Gesundheit der Katze gefährden.

Am praktischsten sind einzelne Näpfe für Feucht-, Trockenfutter und Wasser. Es gibt auch zusammenhängende Futterschüsseln, die sich als unhandlich erweisen. Die Schüsseln sollten täglich gründlich mit heißem Wasser (ohne Zusatz von Reinigungsmitteln!) gespült werden. Wassernäpfe reinigt man regelmäßig mit einem Küchenpapier, da sich am Boden ansonsten ein gelber Film absetzt.

Futter sollte immer frisch in einem sauberen Napf serviert werden.

Katzentoilette

Bei der Auswahl einer Katzentoilette sollte man auf Größe, Handlichkeit und Material achten. Der Fachhandel bietet ein reichhaltiges Angebot, das Toiletten für jeden Anspruch bietet. Es ist in jedem Fall sinnvoll, eine leicht zu reinigende Plastikwanne zu wählen, die man problemlos auswaschen und, wenn es nötig ist, ohne großen Kostenaufwand durch eine neue ersetzen kann.

Hat ein Kätzchen anfangs Probleme, die Wanne zu erklimmen, kann man ihm erst einmal ein kleines „Katzenklöchen“ anbieten. Die Miniaturausgabe der Katzentoilette eignet sich zudem hervorragend als Reise- oder Ausstellungsklo und ist somit keine verschwendete Investition. Später steigt man auf eine „richtige“ Katzentoilette um: Der Markt bietet einfache Plastikschüsseln jeglicher Couleur, Toiletten mit Überdachung und Schwingtür sowie Katzenklos, die sich nach jedem Benutzen „selbst reinigen“.

Katzenstreu sollte übrigens unbedingt geruchbindend, saugfähig und möglichst staubfrei sein. Viele der weitverbreiteten Granulate bestehen aus extrem saugfähigen Tonmineralien. Allerdings variieren Qualität und Ergiebigkeit genauso stark wie die Preise der Katzenstreu. Wichtig ist vor allem, dass die Katzentoilette keinen unangenehmen Geruch entwickelt.

Bei den sogenannten Klumpstreus wird die gesamte Füllung der Toilette nur ausgewechselt, wenn es nötig ist. Sobald Klumpstreu mit Flüssigkeit in Berührung kommt, sammelt sich diese in Form eines Klumpens, der leicht mit einer der Größe der Streukrümel angepassten Plastikschaufel entfernt werden kann. Fehlende Streu wird ergänzt. Dennoch sollten auch mit Klumpstreu gefüllte Toiletten von Zeit zu Zeit komplett ausgeleert und gründlich ausgewaschen werden.

Recycelbare Altpapiereinstreu ist zwar ökologisch lobenswert, neigt aber zu einer rasanten Geruchsentwicklung. Sie muss täglich ausgewechselt werden. Es gibt auch kompostierbare Holzstreu und Pellets aus Hanf. Hanfstreu kann angeblich bis zu 500 Prozent Flüssigkeit aufnehmen, ist allerdings recht teuer und wird aufgrund des eigenwilligen Geruchs nicht von jeder Katze akzeptiert.

Kratzbaum

Sie wollen nicht, dass sich Ihr Kätzchen die Krallen am Sofa und den Möbeln schärft? Dann sollten Sie ihm einen Kratzbaum gönnen! Das Klettergebilde ist auf den ersten Blick zwar gewöhnungsbedürftig und passt vielleicht ganz und gar nicht in Ihre Designerwohnung, aber schließlich soll sich die neue Katze wohlfühlen!

Kratzbäume gibt es in allen Farben, Formen und Größen. Manche lassen sich zwischen Decke und Fußboden klemmen, was für eine große Standfestigkeit sorgt. Der Fantasie der Hersteller scheinen keine Grenzen gesetzt zu sein: Sitzflächen, Liegemulden, Hängematten, Höhlen, herabhängende Stricke bereichern die Kratzbaumarchitektur.

Achten Sie bei Spielzeugen auf Qualität. Spielmäuse sollten keine Kleinteile wie z.B. Augen haben, die die Katze verschlucken könnte.

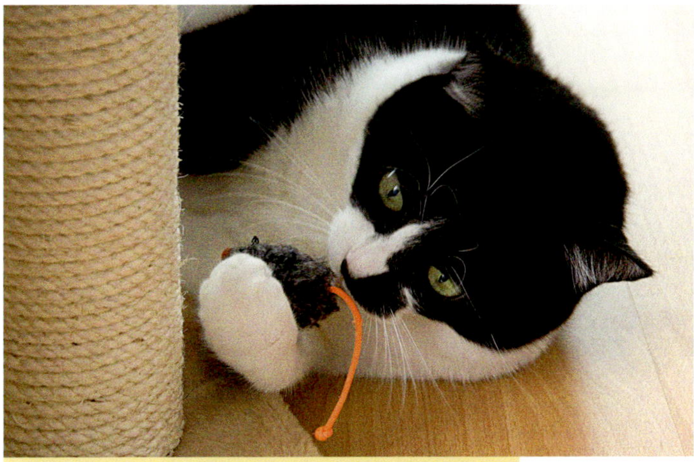

Kratzbäume und Spielsachen sind wichtig für das Wohlbefinden. Das gilt ganz besonders für Wohnungskatzen, die ihre Bedürfnisse ausleben wollen.

Spielzeuge

Katzen spielen gern – kleine ganz besonders! Katzenspielzeuge kann man entweder kaufen oder selbst herstellen. Wichtig ist, dass sie aus ungiftigen Materialien bestehen und keine scharfen Spitzen oder gar Nadeln enthalten, die bei Billigprodukten bisweilen zum Zusammenhalten der Einzelteile verwendet werden.

Transportkiste

Eine Transportkiste ist ein Muss für jeden Katzenbesitzer. Kisten, die aus zwei einzelnen Plastikschalen bestehen, erweisen sich – besonders beim Tierarztbesuch – als besonders praktisch. Plastik ist hygienisch und leicht sauber zu halten. Geflochtene Weidekörbe sehen vielleicht besser aus, leider sind sie schwer zu reinigen. Zudem sind sie der Albtraum eines jeden Tierarztes, der schon einmal versucht hat, eine wild gewordene Katze aus der Eingriffsluke eines Weidekörbchens zu heben.

Katzenspielzeuge selbst basteln

Katzenspielzeuge gibt es wie Sand am Meer. Doch nicht alle sind für Stubentiger geeignet. Billigprodukte enthalten Giftstoffe oder bestehen aus Kleinteilen, die manchmal sogar von Nadeln zusammengehalten werden. Wer gutes Katzenspielzeug will, muss etwas tiefer in die Tasche greifen. Denn farbechtes, ungiftiges und interessantes Spielzeug hat seinen Preis. Sie sind kreativ veranlagt? Dann können Sie das Spielzeug auch selbst herstellen. Hier einige Anregungen.

Bild 1: Einfach und banal, aber bei den meisten Katzen ein voller Erfolg. Einkaufstaschen aus Bast und Korbgeflecht faszinieren Stubentiger. Nicht nur, dass man hervorragend seine Krallen daran wetzen kann … – zum Spielen und Verstecken taugen die Körbe auch. Wenn Sie nun noch einige breite Bänder an die Tragegriffe binden oder Fellmäuschen mit den Schwänzen in das Innere des Korbes binden, wird auch Ihre Katze dieser Verführung nicht widerstehen können.

1

Bild 2: Stundenlang können sich viele Katzen mit dieser eleganten Spielidee beschäftigen. Und sie ist schnell umgesetzt. Man nimmt einfach ein schönes, standfestes Behältnis aus dem Küchenschrank, stellt es auf den Boden, füllt es mit Wasser und lässt Federn darin schwimmen. Verhinderte Mäusefänger lieben es, die Federn zu beobachten und gelegentlich mit der Pfote nach ihnen zu angeln.

2

Bild 3: Man kann auch mehrere Federn mit einem Bändchen zusammenschnüren und sie an einem Holz- oder Kunststoffstab befestigen. Schon hat man einen Federwedel, wie man ihn von Katzenausstellungen kennt. Nur mit dem Unterschied, dass am Wedel „Marke Eigenbau“ keine glitzernden Kunststoffbändchen flattern, die der Katze beim versehentlichen Abbeißen und Verschlucken gefährlich werden können.

3

Bild 4: Wenn Sie aus optischen Gründen bunte Federn bevorzugen, werden Sie sicherlich im Bastelgeschäft fündig. Da diese Federn in der Regel aber nicht farbecht sind, dürfen solche Spielzeuge nur unter Aufsicht zum Einsatz kommen. Ansonsten besteht die Gefahr, dass die Katze die Federn durchkaut und giftige Farbstoffe aufnimmt.

Bild 5: Das Herz dieser Katze schlägt höher, wenn sie das Bimmeln der Glocke ihres Lieblingsspielzeugs hört. Auch solche Spielzeuge lassen sich im Handumdrehen selbst herstellen. Schneiden Sie einen Stoffrest aus einem ausgedienten Kleidungsstück. Füllen Sie den zum Beutel geformten Stoff mit Watte und binden Sie ihn mit einem Lederband zu. Nun wird noch ein Glöckchen an den Stoffbeutel genäht, und fertig ist das lustige Katzenspielzeug.

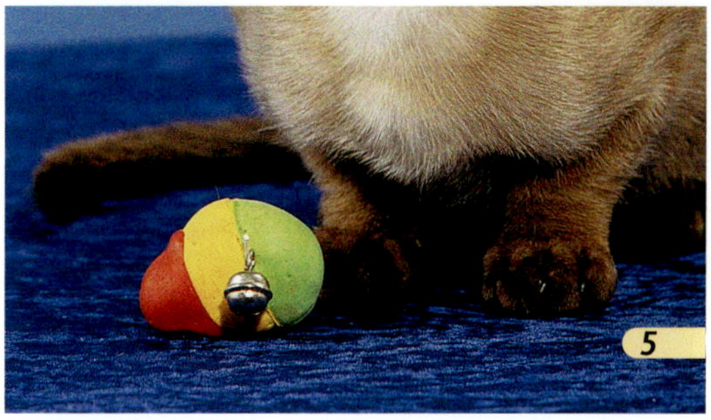

Bild 6: Auf in den Stoffladen. Dort gibt es günstiges Teddyfell, mit dem Katzenhalter jede Menge anfangen können. Zum Beispiel Spielzeug daraus bauen. Einfach, aber effektiv ist es, eine „Wurst" aus Teddyfell zu nähen. Als Inlet eignet sich Watte oder Reis. Man kann aus Teddyfell natürlich auch kleine Beutel herstellen.

Bild 7: Fortgeschrittene Bastler können ihre Katze mit Kombinationen aus Plastikbällen, Federn und Stäben erfreuen. Was kompliziert aussieht, ist gar nicht so schwierig umzusetzen. Kaufen Sie einen Plastikball im Zoofach- oder Spielwarenhandel. Außerdem brauchen Sie ein dünnes, aber stabiles Stöckchen, das man problem- und kostenlos im Wald findet. Federn und Lederbänder ergänzen das Ganze. Nun bohren Sie mit einem kleinen Handbohrer ein circa 0,5 Zentimeter großes Loch in den Plastikball. Überprüfen Sie, ob das Holzstöckchen hineinpasst, und bestreichen Sie seine Spitze mit Klebstoff. Nun setzt man den Stock ein und hält ihn einige Minuten lang, bis der Klebstoff getrocknet ist.

Bild 8: Oft sind die simpelsten Dinge die besten. Dieses BKH-Mädchen spielt am liebsten mit Schachteln und Dosen, die eigentlich gar nicht als Katzenspielzeug gedacht sind.

So kommt Ihre Katze gut durchs Jahr

Ihrer Katze soll es gut gehen. Und damit das so ist, sollte sie rund ums Jahr optimal versorgt werden. Schließlich verändern sich ihre Bedürfnisse mit der aktuellen Jahreszeit, und damit ist nicht nur der mal mehr, mal weniger üppig ausgeprägte Pelz gemeint. Während es Katzen im Winter kuschelig warm mögen, suchen sie im Sommer ein kühles Plätzchen. Und es gibt noch viel mehr, was man während der Jahreszeiten beachten sollte.

Frühling

▸ **Fellwechsel:** Kurzhaarkatzen haben beim intensivsten Fellwechsel des Jahres eindeutig Vorteile gegenüber langhaarigen Schönheiten. Zwar haaren sie auch, aber nicht in dem Ausmaß, in dem es ihre mit viel Fell verwöhnten Artgenossen tun.

Die langhaarige Zunft steht vor ganz anderen Problemen. Sie wäre ohne tägliche menschliche Mithilfe während des Fellwechsels aufgeschmissen. Nicht nur, dass sich im gesamten Wohnbereich ein Haarinferno breit macht – auch **Filzknoten und Hautschuppen** haben jetzt Hochkonjunktur. Da gibt es nur ein Gegenmittel: Am besten greifen Sie täglich zu Kamm oder Bürste. **Vitamine, Mineralien und Spurenelemente** unterstützen den Fellwechsel. Ebenso wichtig ist die Paste gegen Haarballen.

Während des Fellwechsels ist Bürsten angesagt. Es ist erstaunlich, welche Haarmengen so ein kleines Tier abwerfen kann.

▸ **Zeckenalarm:** Sie gehören zum Frühsommer wie die ersten Blüten: **Zecken**. Die gierigen Blutsauger werden überwiegend beim Durchstreifen hoher Gräser übertragen. Der Zeckenbefall äußert sich durch den deutlich fühlbaren Zeckenkörper, der mit einer speziellen Zeckenzange entfernt werden kann. Vorbeugung: Zeckenmittel ins Fell träufeln.

Sommer

▸ Sommerzeit ist **Flohzeit**. Nervosität und Juckreiz können Anzeichen für einen Flohbefall sein. Verklebte Haarstellen, Haarausfall und häufiges Belecken sollten einen skeptisch werden lassen. Was kann man tun, wenn sich die Katze Flöhe eingefangen hat? Auf jeden Fall erst einmal mit einem Flohkamm auskämmen. Danach tragen Sie ein vom Tierarzt empfohlenes Präparat auf das Fell auf, um den Flöhen den Garaus zu machen. Auch das Umfeld der Katze muss mit Flohmitteln behandelt werden. Geschieht das nicht, wächst die nächste Flohgeneration schneller heran als Sie gucken können und das ganze Theater beginnt von vorn.

Sonne ist o.k., aber bitte nicht zuviel davon. Sonst qualmt der schöne Katzenkopf.

▸ Angebrochenes Futter muss im Sommer im Kühlschrank aufbewahrt werden, sollte aber keinesfalls kalt verfüttert werden. Sonst drohen Durchfälle. **Futterreste** müssen sofort entsorgt werden. Bei sommerlichen Temperaturen schlägt Feuchtnahrung innerhalb kürzester Zeit um. Wird sie gefressen, drohen Verdauungsprobleme.

▸ **Hygiene** wird in Katzenhaushalten während des Sommers besonders groß geschrieben. Weil sich schnell Bakterien bilden, sollten Futternäpfe nach der Mahlzeit mit heißem Wasser ausgewaschen und trocken gerieben werden. Auch in der Katzentoilette herrscht penible Sauberkeit.

Was juckt denn da? Sommerzeit ist Flohzeit und häufiges Kratzen ist ein sicheres Anzeichen für ungebetene Mitbewohner.

▸ **Sonnenstrahlen** sind zwar schön, im Übermaß können sie einer Katze jedoch gefährlich werden. Sie sollten darauf achten, dass Ihr vierbeiniger Sonnenanbeter seine Vorliebe nicht übertreibt, ansonsten droht ein Hitzschlag.

▸ **Autofahrten** mit Katze sollten bei heißen Temperaturen nur dann unternommen werden, wenn sie erforderlich sind. Sollten Sie dennoch mit Ihrem Vierbeiner auf der Straße unterwegs sein, lassen Sie ihn keinesfalls allein im Auto. Ein Schattenplatz kann sich innerhalb weniger Minuten zum Sonnenplatz wandeln und das Leben der Katze gefährden.

Herbst

Der Herbst ist für Katzenhalter ein eher ruhiger Jahresabschnitt. Der **Fellwechsel** verläuft unspektakulär und ist spielend zu bewältigen.

Denken Sie daran, Ihrer Katze regelmäßig **frisches Katzengras** zur Verfügung zu stellen. Das kommt ihrer Verdauung zugute. Falls Ihr Vierbeiner ausschließlich in der Wohnung lebt, haben Sie an diesen wichtigen Service ohnehin gedacht. Bei Freigängern vergisst man das frische Grün im Topf hingegen leicht.

Winter

Winterzeit ist Erkältungszeit, und das nicht nur bei uns Menschen. Auch Katzen sind schnell einmal verschnupft, wenn es eisig durch das gekippte Fenster zieht oder der frostige Ausflug in den Garten von allzu langer Dauer war.

Katzen können an verschiedenen Ausprägungsformen einer **Erkältung** leiden. Manchmal sind die Symptome recht unauffällig und werden vom Katzenhalter leicht übersehen. In anderen Fällen präsentiert sich die Erkrankung mit spektakulären Anzeichen wie hartnäckigem Husten, lautem Schniefen, Nasenausfluss und einem desolaten Allgemeinbefinden. Bei Erkältungsanzeichen ist auf jeden Fall ein Tierarzt aufzusuchen.

Picasso, Wuschel oder Mäxchen?

Man rauft sich verzweifelt die Haare, die Stirn liegt in tiefen Falten ... – Es kann doch nicht so schwierig sein, einen passenden Namen für diesen süßen, vierbeinigen Fratz zu finden. Er liegt einem doch schon förmlich auf der Zunge: Mimi, Pussy, Minka, Purzel ... – alles viel zu banal. Chopin, Mirò, Picasso ... – deutlich zu abgehoben. Kafka, Grass, Lord Byron ... – zu literarisch. Merkel, Sarkozy, Putin oder Bush? Nein, viel zu politisch.

In der Tat ist es nicht leicht, einen klangvollen Namen zu finden, der dem zauberhaften und liebenswerten Wesen einer Katze gerecht werden kann. Man darf es sich nicht zu leicht machen. Mit der Namensgebung tragen wir letztendlich eine große Verantwortung:

Schließlich wird unsere persönliche Wortschöpfung die schnurrende Samtpfote ein Leben lang, tagtäglich begleiten.

Der Name ist Programm: Wuschel sieht manchmal ganz schön struppelig aus, vor allem nach dem Aufstehen.

Bedeutungsschwanger

Ein Name ist schließlich nicht nur eine so dahingesagte Banalität, sondern eine wohlüberlegte Aneinanderreihung von Buchstaben mit höchster Bedeutung.

Jeder Name birgt irgendeine individuelle Geschichte, stützt sich auf historische Begebenheiten oder offenbart bei der Übersetzung in unterschiedliche Sprachen ungeahnte Weisheiten mit philosophischem Tiefgang.

Wussten Sie, dass der arabische Name Dunja übersetzt „diese Welt“ bedeutet oder dass Busaya in islamischen Ländern „Kätzchen“ heißt? Bijou stammt aus dem Französischen und kann mit „Schmuckstück“ übersetzt werden, während das russische Koschka wiederum „Katze“ bedeutet. Filou steht für „Frechdachs“, Ebony für „Ebenholz“ und Cuore heißt „Herz“.

Ein Name muss passen

Oft ergibt sich der passende Name für ein Kätzchen ganz von selbst. Manchmal küsst einen die Muse bereits beim ersten Treffen, und es ist sofort klar, dass dieses puschelige Langhaarwesen einfach Wuschel heißen muss. Es handelt sich um einen Straßenkater, der bei erbitterten Kämpfen ganze Teile seiner einst so formschönen Öhrchen einbüßen musste? Halbohr – so die unkonventionelle Namenswahl des frischgebackenen Besitzers. Sie haben ein besonders verwahrlostes Exemplar erwischt? Dann macht der liebevolle Name Struppi dem verruchten Charme des Mäusefängers sicherlich alle Ehre.

Wer so frech aus der Wäsche guckt und nur Flausen im Kopf hat, kann nur Racker heißen, oder?

Namen sollten ihrem Träger auf den Leib geschneidert sein. Wesenszüge und körperliche Eigenarten können sich darin genauso spiegeln wie ungewöhnliche Verhaltensweisen oder unvergessliche Erlebnisse, die Mensch und Tier zusammenschweißten. Lassen Sie Ihrer Fantasie freien Lauf.

Voll daneben!

Manchmal liegen wir aber einfach auch voll daneben und geben unser Tier mit seinem absolut unpassenden Namen dem Gespött der Menschheit preis. Opulente, imposante Namensschöpfungen wie Napoléon, Caesar, Mr Bombastic oder Goliath passen ebenso wenig zu einem spindeldürren, introvertierten Kater wie Krümel, Mausezähnchen, Bijou oder Finesse zu einem stämmigen Vierbeiner, der den Zeiger der Waage allmorgendlich in schwindelerregende Höhen schnellen lässt.

Natürlich ist es verständlich, wenn einem beim Anblick eines kleinen, hilflosen Kätzchens das Herz überquillt und der Beschützerinstinkt entflammt. So etwas Filigranes, Niedliches, Possierliches kann man doch nicht einfach „Max" oder „Big Five" nennen! Aber denken Sie daran, dass dieses winzige, zärtlich piepsende Wesen innerhalb weniger Monate zu einer ausgewachsenen Katze heranwächst, die mit zunehmendem Alter womöglich immer korpulenter und stämmiger wird. Und dann wäre es doch ziemlich befremdlich, wenn Sie mit lockender Stimme „Feelein" rufen und ein Maine-Coon-Brocken von zwölf Kilogramm Kampfgewicht mit neugierigem Gesicht auf gigantischen Pfoten um die Ecke biegt ...

Sie wissen nicht, wie Sie Ihr Kätzchen nennen sollen?

Hier einige Vorschläge, die Ihnen die Qual der Wahl vielleicht ein wenig erleichtern:

A	B	C	D	E	F	G	H	I
Amber	Bijou	Caruso	Dunya	Ebony	Franky	Giselle	Herb	Irma
Aline	Bonita	Coco	Darius	Elsa	Funny	Gismo	Hannah	Indian-Summer
Aimée	Busaya	Casanova	Dreamboy	Estelle	Friedel	Giò	Hero	Inka
Anouk	Bambou	Cleo	Derwish	Elif	Finesse	Gianni	Hannes	Indifference
Arno	Balou	Challenge	DJ	Eric	Filou	Gioa	Honey	

J	K	L	M	N	O	P	Q	R
Jenny	Kamila	Laila	Mimine	Najade	Olga	Pearl	Quentin	Raschia
Jojo	Kaiou	Lily	Minou	Nasty	Olivia	Phoenix	Quax	Robby
Jeremy	Koschka	Leander	Manet	Naomi	Ornella	Pride	Quincy	Ruyat
Jacky	Kalinka	Lennard	Mirò	Nugget	Ocean	Perfection		Rusty
Joy	Kevin	Lulu	Magic	Noisette	Obsession	Peggy		Rocco

S	T	U	V	W	X	Y	Z
Saliha	Tahira	Uma	Vega	Wanda	Xenia	Yasmin	Zeus
Spirit	Taiki	Urmel	Vivian	Wynona	Xavier	Yaten	Zoé
Sydney	Tiptoe	Utter	Vertigo	Wilma	Xanadu	Yentl	Zaza
Stormy	Twin	Upside-down	Verlaine	Willy	Xerox		
	Tequila						

Tipps & Tricks Willkommen

Die ersten Tage in einem neuen Zuhause sind für eine Katze sehr aufregend. Sie muss sich nicht nur auf unbekannte Menschen einstellen, sondern sich auch ein fremdes Revier erkunden. Das alles kann ganz schön nervenaufreibend sein. Hier einige Tipps, die Ihrem Vierbeiner die Eingewöhnung erleichtern können. Wenn Sie sie beherzigen, wird sich Ihr neues Familienmitglied schnell einfinden und rundum wohlfühlen.

- Bringen Sie die Katze mit der Transportkiste an einen ruhigen Ort, von dem aus sie ihr neues Heim selbstständig erkunden kann.

- Überlassen Sie es dem Vierbeiner, wann er sich auf Erkundungstour begeben möchte.

- Ermutigen Sie die Katze auf der Suche nach Futter und Wasser. Stellen Sie die Näpfe in die Küche oder an einen anderen dafür vorgesehenen Ort, aber keinesfalls direkt vor die Transportkiste. Die Katze soll von Anfang an mit der normalen Futterstelle vertraut gemacht werden.

- Verwenden Sie in der ersten Zeit auf jeden Fall die Futtersorte, die der Neuzugang gewöhnt ist. Sollten Sie eine Nahrungsumstellung planen, so sollte diese schrittweise erfolgen.

Katzen reagieren nicht immer freundlich auf einen Neuzugang.

- Machen Sie die Katze auf die Katzentoilette aufmerksam, damit sie weiß, wo sie hinlaufen muss, wenn die Blase drückt. Loben Sie die Katze, wenn sie die Toilette benutzt.

- Sollte die Katze nicht auf die dafür vorgesehene Toilette gehen, könnte das an der Einstreu oder dem Toilettenmodell liegen.

- Sorgen Sie dafür, dass während der ersten Tage kein Trubel im Haus herrscht. Freunde und Bekannte sollten das neue Familienmitglied erst bewundern dürfen, wenn es sich bereits in seinem neuen Zuhause eingelebt hat.

- Schenken Sie Ihrem neuen Familienmitglied viele Streicheleinheiten, aber nur solange es damit einverstanden ist.

- Falls es noch andere Haustiere im neuen Revier gibt, bedeutet das Zusatzstress für alle Beteiligten. Auch hier ist Geduld angesagt und auf jeden Fall auf eine ruhige, entspannte Atmosphäre zu achten. Geben Sie den Haustieren Zeit, sich kennenzulernen.

- Sollten Sie planen, Ihre Katze ins Freie zu lassen, sollten erste Ausflüge frühestens vier Wochen nach ihrem Einzug gewagt werden. So hat der Mäusefänger Zeit, um sein neues Reich als Stammrevier abzuspeichern.

Tipps & Tricks
Gute Nacht!

Katzen lieben es warm und gemütlich. Kuschelige Schlafplätzchen gehören zu ihren absoluten Leidenschaften. Leider ist es nicht ganz einfach, immer gleich den Geschmack der kapriziösen Vierbeiner zu treffen. So bleibt manch neu gekauftes Schmusekissen unbeachtet. Die folgenden Tipps und Tricks liefern Ideen, damit Sie für Ihren Liebling genau das richtige Schlafplätzchen finden. Und sollte es doch nicht klappen, seien Sie nicht enttäuscht. Katzen sind eben eigen.

Auch unter dem Gartenbusch kann man herrlich dösen, besonders wenn die letzten Sonnenstrahlen des Tages das Fell bescheinen.

▸ Nicht von Pappe, in Wirklichkeit aber Pappe pur, ist der herkömmliche Bananenkarton, der bei vielen Katzen zu den begehrtesten Plätzen des Hauses gehört. Stellen Sie einfach einen mittelgroßen Pappkarton auf, schneiden Sie ein Eingangstürchen hinein und erleben Sie, mit welcher Euphorie Ihr Stubentiger sein neues Domizil bezieht.

▸ Luxuriös geht es zu, wenn Ihre Katze auf ausgefallene Innovationen des Fachhandels Wert legt. Hier finden sich Kuschelsäcke und andere Kreationen, denen kein extrovertierter Stubentiger widerstehen kann.

▸ Flauschig sind sie, die kuscheligen Schaffelle. Das haben Katzen längst erkannt, die sich gern auf dem wollweißen Fell ausstrecken und dort wohlig einschlafen.

▸ Strohballen stehen hoch im Kurs, wenn es sich beim Schlafplatzsuchenden um eine Bauernhofkatze handelt. Die goldgelben Halme wärmen herrlich von unten und duften dazu auch noch überaus angenehm.

▸ Kleiderschränke üben eine magische Anziehungskraft auf Stubentiger aus. Hier kann man sich herrlich in die Wäsche seines Zweibeiners kuscheln und umgeben von vertrauten Düften ins Reich der Träume hinüberdämmern.

▸ Im Winter stehen Plätze in Nähe der Heizung hoch im Kurs. Hier ist es besonders warm und kuschelig. Wenn Sie Ihrer Katze noch eine weiche Wolldecke dorthin legen, ist das Glück perfekt.

▸ Nicht zuletzt sei der menschliche Schoß genannt, in dem sich manche Katzen für ihr Leben gern zusammenrollen, um dort zufrieden ein Nickerchen zu halten. Schöne runde Formen und eine angenehme Temperatur – was will man mehr?

Ernährung und Pflege

Gesunde Ernährung

Kleine Katzen wachsen schnell. Da sie allerdings auch einen sehr kleinen Magen haben, darf man ihre wachstumsbedingte Unersättlichkeit nicht mit riesigen Portionen stillen. Eine erwachsene Katze kann problemlos mit zwei Fütterungen pro Tag auskommen; ein Kätzchen hingegen sollte zunächst mit sechs kleinen Mahlzeiten pro Tag versorgt werden. Es ist sinnvoll, dabei einen zweistündigen Rhythmus einzuhalten. Dann ist der kleine Mäusefänger optimal versorgt.

Ihr Kätzchen benötigt Feuchtfutter, Trockenfutter und frisches Wasser. Unter gar keinen Umständen dürfen Sie ihm Milch hinstellen! Sie würde aufgrund des hohen Lactosegehalts einen heftigen Durchfall auslösen. Wenn Sie trotzdem nicht auf die Gabe von Milch verzichten wollen, bietet der Fachhandel eine spezielle Katzenmilch, die Lactose reduziert und somit für Katzen verträglich ist.

Auch bezüglich kätzchengerechter Nahrung ist der Fachhandel gut bestückt.

Katzenfutter sollte möglichst ausgewogen sein. Lesen Sie das Kleingedruckte auf der Dose oder Schachtel und vergleichen Sie das Futter.

Fast alle namhaften Hersteller bieten Futtersorten, die speziell auf die Bedürfnisse kleiner Katzen abgestimmt sind. Das gilt sowohl für Feucht- als auch für Trockenfutter, das aus sehr kleinen Bröckchen besteht, damit es das Kätzchen problemlos fressen kann.

Die meisten Produkte sind so ausgewogen, dass Katzenkinder mit ihnen groß und stark werden können. Allerdings müssen Sie damit rechnen, dass das regelmäßige Füttern einer bestimmten Fertigfuttersorte dazu führen kann, dass Ihr Kätzchen auch in den weiteren Lebensjahren auf genau diese Sorte besteht und andere Produkte hartnäckig verschmäht. Es ist ratsam, von vornherein möglichst viel Abwechslung auf den Katzenteller zu bringen.

Katzenfutter selbst gemacht

Vielleicht haben Sie ja auch Lust dazu, selbst zum Kochlöffel zu greifen. Wenn Sie dabei alle Nährstoffe berücksichtigen, die ein Kätzchen braucht, wird ihm Ihre Hausmannskost sicherlich ganz hervorragend bekommen: Katzen sind Fleischfresser. Versuchen Sie also nicht, Ihr Kätzchen zum Vegetarier zu erziehen. Das würde seine Gesundheit ruinieren. Die Leber der Katze ist so strukturiert, dass hoch proteinhaltige Nahrung wie Fleisch wesentlich besser verwertet werden kann als Kohlenhydrate.

Feuchtfutter enthält einen hohen Wasseranteil. Wasser gibt es trotzdem.

Eine hohe Dosis an pflanzlichen Stoffen lassen den ph-Wert des Katzenurins dramatisch ansteigen. Pflanzliche Stoffe dienen lediglich der Ergänzung des fleischhaltigen Ernährungsplanes einer Katze, sind in dieser Funktion aber ausgesprochen wichtig.

Außer einer gesunden Mischung aus Proteinen und Kohlenhydraten benötigen Katzen aber auch lebensnotwendige Aminosäuren wie Taurin, um gesunde Augen, ein kräftiges Herz und eine makellose Haut zu haben. Taurin ist vor allem in Hirn, Innereien und Muskelfleisch enthalten.

Vitamine und Mineralstoffe

Selbstverständlich gehören auch Vitamine und Mineralstoffe wie Natrium, Kalium, Kalzium, Phosphor, Magnesium, Eisen, Kupfer, Zink, Jod, Mangan und Kobalt zum Speiseplan eines gesunden Kätzchens: Vitamin A ist gut für die Augen und fördert die Fruchtbarkeit der Katze. Vitamin B beeinflusst das Immunsystem und den Cholesterin-Haushalt. Beide Vitamine sind – genau wie Vitamin D und andere wichtige Vitamine – im Fleisch enthalten. Eier (nur das rohe Eigelb verfüttern – keinesfalls rohes Eiweiß!), Leber, Lebertran, grünes Gemüse und Getreideflocken sind ebenfalls wertvolle Vitaminlieferanten. Es gibt auch schmackhafte Vitaminpasten, die wertvolle Inhaltsstoffe haben. Einfach täglich etwas vom Finger lecken lassen, dann ist der Schmusetiger gut versorgt.

Lieblingsfleisch

Geflügel, Fisch, Rindfleisch, Schaf, Lamm und Wild werden von den meisten Kätzchen gern gefressen. Allerdings ist darauf zu achten, dass Geflügel und Fisch gründlich gedünstet oder gekocht wurden. Auch Schweinefleisch sollte keinesfalls im rohen Zustand verfüttert werden, da es Herpesviren enthalten kann, die sowohl bei Hunden als auch bei Katzen die Pseudo-Tollwut oder die tödlich verlaufende Aujeszkysche Krankheit hervorrufen kann.

Beilagen

Gekochter Reis, Haferflocken, Grieß- und Kartoffelbrei sowie Weizenkeime, Kornflocken, Hüttenkäse, Quark und Joghurt ergänzen den selbst erstellten Futterplan. Alle Speisen sollten ohne Gewürze zubereitet und keinesfalls scharf angebraten werden. Die verträglichsten Zubereitungsmethoden sind Kochen und Dünsten.

Kalorienbedarf

Eine durchschnittliche Katze benötigt täglich circa 60 bis 90 Kilokalorien pro Kilogramm Körpergewicht. Das entspricht beispielsweise 100 bis 150 Gramm Fleisch oder 200 Gramm Kochfisch für eine drei bis vier Kilogramm schwere Katze.

Die meisten Katzen mögen Vitaminpasten. Das erleichtert die Gabe, denn sie lecken das Zeug direkt vom Finger.

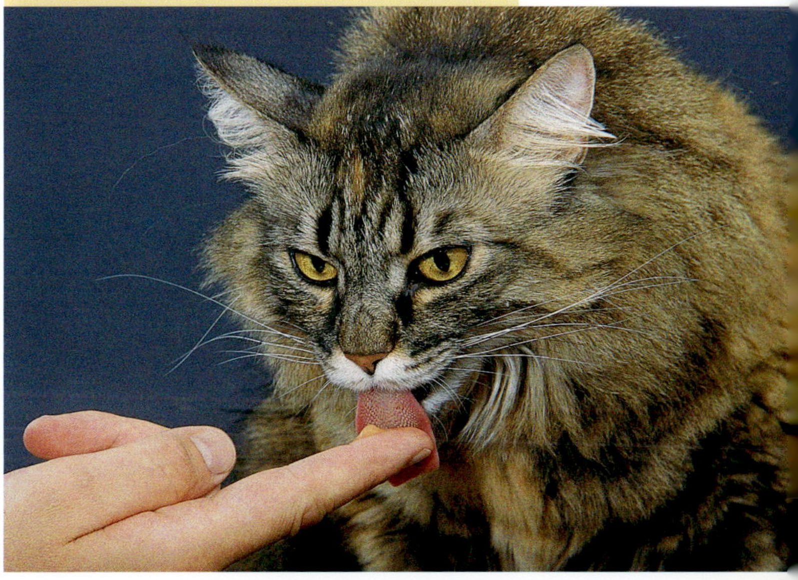

Zu viel ist zu viel!

Es mag eine Randerscheinung der Wohlstandsgesellschaft sein, was die Sache aber nicht besser macht. Immer mehr Haustiere leiden unter Übergewicht, und auch unsere Stubentiger sind ganz vorn mit dabei, wenn es um rekordverdächtige Resultate auf der Waage geht. Abnehmen fällt ihnen mindestens so schwer wie uns. Am besten lässt man es gar nicht erst so weit kommen. Aber das ist leichter gesagt als getan.

Moppelchen, Fettmops, Specki, Pummelchen … – Es gibt viele wenig schmeichelhafte Bezeichnungen, die sich übergewichtige Stubentiger gefallen lassen müssen. Dabei ist es um ihr Wohlbefinden ohnehin nicht zum Besten bestellt und liebevolle Zuwendung, gepaart mit einer effektiven Diät, wäre sicherlich besser angebracht als Spott und Häme.

Adipositas (Fettsucht) betrifft ausgesprochen viele Katzen. Eine falsche, zu kalorienreiche oder unausgewogene Ernährung gilt als Hauptverursacher der Fettsucht. Oft unterstützen falsche Haltungsbedingungen, zu wenig Bewegung und Langeweile die Verfettung des Körpers. Medikamentöse Behandlungen oder eine Kastration können auch zu einer Gewichtszunahme führen. Zu viel Speck sieht nicht nur doof aus, es macht auch krank.

Britisch Kurzhaar-Katzen müssen stattlich aussehen, dürfen aber nicht zu fett sein.

Pummelchen machen schneller schlapp

Überflüssige Pfunde stellen eine unnötige Belastung der Gelenke dar und können zu Gelenkbeschwerden führen. Schmerzende Gelenke beeinflussen wiederum die Bewegungsfreude der Katze, und schon sind wieder einige Pfunde mehr auf den Rippen. Der übergewichtige Stubentiger befindet sich in einem Teufelskreis, den es zu durchbrechen gilt.

Auch Probleme im Bereich der Atemwege können eine Folge von Adipositas sein. Übergewichtigen Katzen fallen körperliche Ertüchtigungen schwer; sie hecheln und japsen bei der kleinsten Anstrengung – bei sommerlichen Temperaturen fühlen sie sich besonders unwohl.

Verdauungsprobleme wie chronische Verstopfung und schmerzhafte Blähungen sind ebenfalls häufig bei übergewichtigen Stubentigern zu beobachten. Das Wohlbefinden ist auf dem Nullpunkt angelangt.

Auch Bluthochdruck, Diabetes mellitus und ein erhöhtes Risiko bei Operationen und Narkosen sind bei beleibten Katzen wesentlich häufiger zu beobachten als bei schlanken Exemplaren. Arthritis und ein gestörter Glukosestoffwechsel können durch einen speckigen Bauch ebenfalls negativ beeinflusst werden.

Kampf den überflüssigen Pfunden

Wer glaubt, er müsse seine Katze einfach wesentlich weniger füttern, begeht damit den gleichen Fehler, den Tausende und Abertausende von übergewichtigen Menschen regelmäßig in Form völlig uneffektiver Diäten machen. Wer der Nahrung entsagt, bekommt früher oder später Heißhunger und nimmt – dank des heimtückischen Jojo-Effekts – anfänglich verloren gegangene Pfunde zu einem späteren Zeitpunkt erneut zu. Meistens kommen dann noch ein paar Kilogramm hinzu, die man vorher nicht auf die Waage brachte.

Bei Katzen verhält es sich ähnlich: Füttert man sie weniger, leiden sie unter chronischem Hunger und entwickeln eventuell Verhaltensweisen und Wesenszüge, die nicht gerade wünschenswert sind: Sie fressen alles Genießbare, was in ihre Nähe kommt; sie beginnen, Futter zu klauen; sie betteln am Tisch; sie stöbern in unbeobachteten Momenten im Hausmüll; oft entwickeln sie sich zu nervösen und unausgeglichenen Vierbeinern.

Hinzu kommt, dass bei unkontrollierter Futterrationierung die Gefahr der Nährstoff-Unterversorgung besteht. Unter Umständen kommt es im Laufe der Zeit zu Mangelerscheinungen und gesundheitlichen Störungen. Eine Futterreduktion sollte daher ausschließlich in Absprache mit dem Tierarzt erfolgen.

Futter umstellen

Ist die Ursache des opulenten Umfangs in falscher Ernährung zu suchen, sollte man mit seinem Tierarzt über eine schrittweise Umstellung des Futterplanes sprechen. Bei der Ernährung beleibter Katzen ist auf eine gezielte Reduzierung der Kalorien in Verbindung mit einem ausreichend hohen Nährstoffgehalt zu achten. Diätfuttermittel mit erhöhtem Faseranteil – wie sie in der Vergangenheit häufig eingesetzt wurden – sind keinesfalls für eine gesunde Gewichtsabnahme geeignet, da sie bei vielen Katzen zu vermehrtem Kotabsatz, Durchfällen und Verstopfung, Hypoglykämie (Verminderung der Konzentration von Glukose im Blut) und einer unausgewogenen Nährstoffversorgung führen.

Was dem Katzenhalter schmeckt, ist noch lange nicht für Katzen geeignet.

Tipps & Tricks Verstopfung

Appetitlosigkeit, Abgeschlagenheit, Müdigkeit, Trägheit, Blähungen, ein aufgeblähter Bauch, Gereiztheit, Fieber und eine allgemeine Berührungsempfindlichkeit gehören zu den typischen Symptomen einer Verstopfung. Bei länger andauernder Verstopfung ist unbedingt die Meinung eines Tierarztes einzuholen, bevor man mit einer Behandlung startet. Das gilt auch für die im Folgenden vorgestellten Tipps.

▸ Joghurt, Quark und Kefir helfen der Verdauung auf die Sprünge.

▸ Weizenkleie vermischt mit Joghurt und ein paar Tropfen Olivenöl kann bei Verstopfung hilfreich sein.

▸ Manche Katzenhalter schwören auf Ölsardinen.

▸ Spezielle Katzenmilch aus dem Fachhandel wirkt verdauungsfördernd.

▸ Sanuvis soll bei der Stuhlregulierung helfen (mehrmals täglich bis zu drei Tropfen verabreichen).

▸ Eine Mischung aus Bananen (1/3) und pürierter Rinderleber (2/3) mit Galgant und Quendel hilft, die Darmtätigkeit zu aktivieren.

Ständige Müdigkeit kann ein Anzeichen für Verdauungsstörungen sein.

▸ Mucokehl fördert die Vermehrung „nützlicher" Darmbakterien.

▸ Die Enzympräparate Ubichinon (Heel) können zwei- bis dreimal wöchentlich (jeweils 1 Ampulle) unter das Futter gemischt werden. Auch Terrakraft scheint diesbezüglich gute Dienste zu leisten.

▸ Bifidusmilch, Sauerkraut und ballaststoffreiche Nahrung sind ebenfalls hilfreich.

▸ Schindeles Mineralien helfen, Mangelzustände auszugleichen.

▸ Geben Sie Ihrer Katze ballaststoffreiche Nahrung.

▸ Aus Mandelblättern, Faulbaumrinde oder Sennesblättern gekochter Tee, Rhabarbersaft, Kreuzdornsaft und Sauerkrautsaft versprechen Linderung.

▸ Nux vomica D6: Der Wirkstoff der Brechnuss scheint bei Bauchkrämpfen und chronischen Verstopfungen angebracht zu sein.

▸ Sulfur D30 wird für Katzen empfohlen, die zu Stoffwechselträgheit und chronischen Verdauungsbeschwerden neigen. An manchen Tagen leiden sie unter Verstopfung, an anderen setzen sie Durchfall ab.

Tipps & Tricks Durchfall

Fast jede Katze leidet irgendwann darunter und meistens nicht nur einmal. Durchfall ist ein weitverbreitetes Problem, weil er von zahlreichen Auslösern begünstigt wird. Verdorbene Nahrung, Verunreinigungen durch Fliegen, zu kaltes Wasser, ein Infekt und andere Faktoren können dafür sorgen, dass im Darmtrakt die Zeichen auf Sturm stehen. Dauerdurchfall laugt den Körper aus und schwächt ihn. Deshalb muss man so schnell wie möglich etwas dagegen tun.

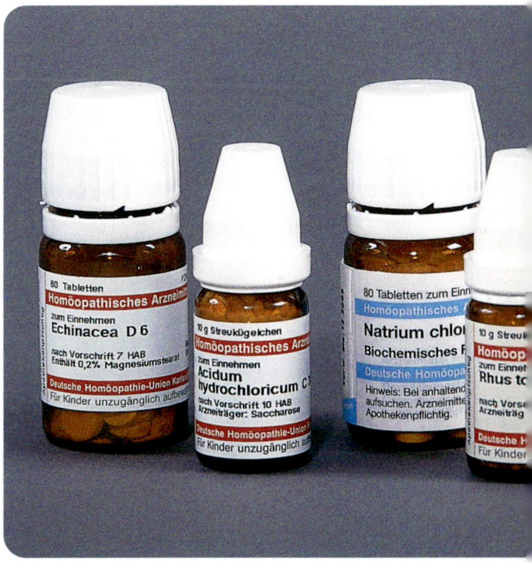

- Bei Durchfällen, die länger als einen Tag andauern, sollte die Katze einem Tierarzt vorgestellt werden.

- Entfernen Sie Nahrungsreste umgehend aus dem Futternapf, wenn die Katze ihre Mahlzeit beendet hat.

- Halten Sie den Futterplatz Ihrer Katze fliegenfrei. Fliegen und andere Insekten können Keime und andere Krankheitserreger übertragen.

- Verfüttern Sie Feuchtfutter nie direkt aus dem Kühlschrank. Kalte Nahrung und zu kaltes Trinkwasser können Durchfälle verursachen.

- Geben Sie Ihrer Katze keine Kuhmilch zu trinken. Katzen bekommen von Kuhmilch heftige Durchfälle. Spezielle, lactosefreie Katzenmilch kann verfüttert werden.

- Gedünstetes Hühner- oder Putenfleisch sorgt für festeren Kot. Am besten gart man das ungewürzte Geflügelstück in Alufolie verpackt im Backofen.

- Durchfälle können von Parasiten verursacht werden. Deshalb immer an die Wurmkur denken. Freigänger sollten alle drei Monate entwurmt werden. Fragen Sie Ihren Tierarzt nach dem passenden Präparat.

- Potentilla tormentilla D3 soll die entzündete Dünndarmschleimhaut beruhigen. Diese Arznei kommt zum Einsatz, wenn der hellbraune Durchfall gerade erst aufgetreten ist.

- Colchicum D6 hilft bei Störungen, die durch den Verzehr giftiger Zimmerpflanzen hervorgerufen werden. Der Durchfall hat eine wässrige Konsistenz und verbreitet einen stechenden Geruch.

- Ipecacuanha D6 verspricht Abhilfe bei Brechdurchfall, der durch Vergiftungen oder Infektionen verursacht wird. Der Kot ist gelb, wässrig, schaumig und oft auch blutig.

- Carbo vegetabilis D6 soll Katzen heilen, die an heftigem, von starken Blähungen begleiteten Durchfall leiden. Meistens sind Schimmelpilze an diesem Krankheitsbild beteiligt.

Kuhmilch ist für Katzen ungeeignet und löst häufig Durchfall aus.

Tiptop gepflegt

Katzen sind reinliche Tiere. Sie widmen sich regelmäßig der Körperpflege und sorgen dafür, dass ihr Fell in gutem Zustand ist. Dennoch ist es bei vielen Rassekatzen notwendig, ihnen bei der Fellpflege zu helfen. Viele Züchter beginnen bereits in der fünften oder sechsten Woche damit, ihre Kätzchen an die Fellpflege zu gewöhnen. Der Fachhandel bietet ein reichhaltiges Repertoire an Pflegeutensilien, die bei der Fellpflege behilflich sein können.

Gumminoppenbürsten Eine Gumminoppenbürste eignet sich dazu, das seidige Fell pflegeleichter Kurzhaarrassen zu striegeln. In der Regel genügt einmaliges Bürsten pro Woche. Burmesen, Siamesen und Orientalisch Kurzhaar gehören zu den Rassen, die keine Unterwolle haben – sie pflegt man zusätzlich mit einem feinem Staubkamm.

Bürsten und Kämme Mit Unterwolle versehene Kurzhaarrassen wie Europäisch und Britisch Kurzhaar müssen schonend behandelt werden, damit die üppige Unterwolle nicht in Mitleidenschaft gezogen wird. Lockere Haare sollten durch tägliches Bürsten entfernt werden; ein Kamm mit stumpfen Zinken erledigt die Feinarbeit.

Zum Bürsten eignen sich sowohl Naturborsten als auch feine Drahtbürsten mit gebogenen Borsten. Drahtbürsten sind auch hilfreich, wenn es gilt, sich durch das üppige Fell langhaariger Katzenrassen zu arbeiten. Grobe und feine Metallkämme gehören ebenfalls zum Pflege-Equipment einer Langhaarkatze.

Halblanghaarkatzen sind zwar pflegeleichter als Langhaarkatzen, aber auch sie sollten regelmäßig gepflegt werden. Im Grunde verwendet man bei ihnen die gleiche Pflegeausstattung wie bei Langhaarkatzen: eine spezielle Drahtbürste, Kämme und eine Bürste mit Naturborsten, die dem Fell einen herrlichen Glanz verleiht. Weiche Zahnbürsten sind gut für die Gesichtspflege geeignet.

Gummikissen Katzen mit lockigem Fell (wie zum Beispiel Rexkatzen) bedürfen einer sanften Behandlung, da ihre Haut empfindlich ist. Man kann das Fell entweder vorsichtig mit einer weichen Bürste oder mit einem

Katzen sind sehr reinliche Tiere. Bei der Katzenwäsche werden alle Körperteile gründlich geputzt. An schwer zugänglichen Stellen …

speziellen Gummikissen reinigen, das die Haut nicht reizt, aber die Durchblutung anregt.

Puder Langhaarige Rassen erfordern den Einsatz spezieller Puder, die vor allem hinter den Ohren, in den Achselhöhlen, der Leistenbeuge und an der Schwanzwurzel zum Einsatz kommen, weil dort die meisten Talgdrüsen sind. Das Puder wird aufgetragen und anschließend mit kräftigen Bürstenstrichen mit und gegen die Fellrichtung ausgebürstet. So wird das verfettete Fell wieder locker und ansehnlich.

Shampoo Hartnäckige Verschmutzungen können ein Grund für ein Bad sein. Auch eine Katzenausstellung, bei der sich die vierbeinige Schönheit im besten Licht zeigen soll. Spezialshampoos, Lotionen und Spülungen sorgen dafür, dass die Langhaarschönheiten gepflegt wirken. Spezialföhne trocknen das Fell im Handumdrehen.

Eine Katze, die dieses Pflegeritual nicht gewöhnt ist, sollte übrigens keinesfalls geföhnt werden. Hüllen Sie Ihren Stubentiger nach dem Bad in vorgewärmte Frotteehandtücher und reiben Sie ihn vorsichtig ab. Anschließend sollte sich die Katze in einem warmen, zugfreien Raum aufhalten.

Krallenscheren Bei der Krallenpflege ist oberste Vorsicht geboten. Nur die vordere Spitze der Krallenhülle darf abgezwackt werden! Ansonsten verletzt man den von Nerven durchzogenen Teil der Kralle und fügt der Katze erhebliche Schmerzen zu. Wer keine Erfahrung mit dem Krallenschneiden hat, sollte diese Aufgabe dem Tierarzt überlassen.

Wattepads Sie sind hilfreich, wenn es darum geht, die Augen des Kätzchens von Verschmutzungen zu befreien. Zusätzlich kann man ein sanftes Pflegemittel verwenden, das hilft, Verschmutzungen leichter zu lösen. Achten Sie darauf, dass die Watte nicht fusselt. Ansonsten könnten Flusen ins Auge geraten. Verwenden Sie keinesfalls Kamillentee, um die Augen zu reinigen. Darin sind Partikel, die Irritationen hervorrufen können.

... wird die Pfote mit der Zunge gründlich angefeuchtet ...

... um anschließend Gesicht, Kopf und Nacken zu putzen. Wenn das kein glänzendes, strahlend sauberes Fell gibt!

Tipps & Tricks Weg mit der Wolle

Eigentlich gibt es nur vier Jahreszeiten. Katzenbesitzer kennen sechs – denn zweimal pro Jahr wirft der vierbeinige Liebling Wolle ab. Was Halter kurzhaariger Rassen lächeln lässt, verursacht bei Langhaarfans nervöses Zucken. Aber ungeschoren kommen Kurzhaarliebhaber nicht davon. Das Fell ihrer Stubentiger stichelt und ist schwierig entfernen. Der Fellwechsel lässt sich nicht umgehen, aber man kann einiges tun, um ihn für alle Beteiligten angenehmer zu gestalten.

▸ Bürsten Sie Ihre Katze während des Fellwechsels täglich.

▸ Wenn Bürsten nicht reicht, nehmen Sie einen Kamm zur Hilfe. Allerdings muss man bei langhaarigen Rassen mit Unterwolle darauf achten, diese nicht auszureißen.

▸ Als Besitzer von Norwegischen Waldkatzen, Maine Coons oder Türkisch Angora ist beim Bürsten am Kragen und an den rassetypischen „Hosen" an den Hinterbeinen vorsichtig vorzugehen. Hier sollten keine Haare ausgerissen werden.

▸ Besorgen Sie sich beim Tierarzt oder im Zoofachhandel eine Paste gegen Haarballen und geben Sie Ihrer Katze täglich etwa einen halben Teelöffel davon. So verhindern Sie, dass der Stubentiger Haarballen bildet.

▸ Um Katzenhaare von Sofas, Bettdecken, Kratzbäumen und Kleidung zu entfernen, können Sie entweder eine Flusenbürste oder angefeuchtete Gummi-Spülhandschuhe verwenden.

▸ Füttern Sie Ihre Katze mit hochwertiger Nahrung. Hierdurch verbessert sich ihre Fellqualität und der Fellwechsel geht schneller vonstatten. Auch Pasten gegen Haarballen leisten wertvolle Dienste. Sie sollten während des Fellwechsels verabreicht werden.

▸ Achten Sie darauf, dass Ihr Kleiderschrank während des Fellwechsels stets verschlossen bleibt. Eine haarende Katze, die es sich im Modetempel gemütlich macht, kann ein wahres Haarinferno hinterlassen.

▸ Allergiker müssen während des Fellwechsels besonders vorsichtig sein. Durch das häufige Bürsten lösen sich auch vermehrt Hautschuppen, und die können bekanntermaßen allergische Reaktionen auslösen. Die Fellpflege sollte nach Möglichkeit von nichtallergischen Personen durchgeführt werden. Notfalls tun es auch ein Mundschutz und Handschuhe.

Dieser Prachtkater muss gut gebürstet werden. Besonders während des Fellwechsels im Frühjahr erhält man einen Berg Haare.

Tipps & Tricks Augen und Ohren

Katzen sind von Natur aus reinliche Tiere. Sie widmen sich täglich der Fellpflege und verbringen Stunden damit, ihre Haarpracht in Schuss zu halten. Während die meisten kurzhaarigen Katzen im Prinzip allein mit der Fellpflege zurechtkommen, ist bei langhaarigen Exemplaren menschliche Mithilfe angebracht. Das gilt allerdings auch für die Augen- und Ohrenpflege – die sowohl langhaarige als auch kurzhaarige Katzen betrifft.

- Augen und Ohren sollten regelmäßig auf Verschmutzungen kontrolliert werden.

- Schmierige Beläge, Krusten und aufgekratzte Stellen in den Ohren sind Anzeichen für mangelnde Hygiene. Treten sie oft auf, sollte die Katze dem Tierarzt vorgestellt werden.

- Rötliche Verkrustungen und tränende Augen sind Hinweise auf Augenprobleme.

- Ihr Tierarzt kann Ihnen Reinigungswässerchen empfehlen, die für das Säubern von Augenwinkeln und der Gehörmuschel geeignet sind.

Ohren und Augen sollten regelmäßig kontrolliert werden. Bei dieser Katze scheint alles tiptop in Ordnung zu sein.

- Anstelle einer speziellen Reinigungslösung können Sie auch lauwarmes Leitungswasser verwenden.

- Häufiges Kopfschütteln und angelegte Ohren können auf Verschmutzungen oder Ohrmilben hinweisen.

- Warme Lösungen aus Calendula- und Echinacea-Tinktur (1:1) eignen sich zum Aufweichen und Ablösen eingetrockneter Verkrustungen und Schleim an den Augen. Als Alternative kommt eine Abkochung aus Wilder Malve infrage, die nicht nur reinigt, sondern von den Tieren als wohltuend empfunden wird.

- Heiße Schwellungen im Augenbereich können mit kalten Kompressen aus abgekühltem Augentrost-Tee oder Eibisch-Mazerat gelindert werden.

- Kalte Schwellungen im Augenbereich behandelt man mit warmen Kompressen, die mit Augentrost-, Zinnkraut- oder Goldrutenaufgüssen getränkt werden.

- Bei einer leichten Bindehautentzündung kann man in Absprache mit dem Tierarzt folgende homöopathische Arzneien einsetzen: Aconitum D30, Belladonna D30, Apis D4, Allium cepa D4, Euphrasia D4 und Euphorbium D4.

Tipps & Tricks Krallenpflege

Katzenkrallen sind messerscharfe Waffen, die der schlagkräftigen Verteidigung, dem kompromisslosen Beutefang und dem rasanten Erklimmen hoher Bäume dienen. Hat die Katze keine Möglichkeit, ihre Krallen auf natürliche Weise abzuwetzen, kann menschliche Mithilfe erforderlich sein. Die sollte allerdings mit größter Vorsicht erfolgen. Hier einige wichtige Tipps, die Ihnen helfen sollen, die Krallen Ihrer Katze ohne Risiko zu kürzen.

▸ Bei gesunden Katzen, die sich ausreichend bewegen, besteht kein Grund, in die Krallenpflege einzugreifen. Die Krallen der Katze kürzen sich von selbst, wenn der Vierbeiner läuft, Bäume erklimmt oder sie am Kratzbaum wetzt.

▸ Es kann jedoch vorkommen, dass sich die Krallen Ihrer Katze nicht abnutzen. Manchmal ist eine Erkrankung oder eine Verletzung schuld daran, oder es ist das fortgeschrittene Alter, das die Bewegungsfreude einschränkt.

▸ Falls sich die Krallen Ihrer Katze nicht abnutzen, müssen sie regelmäßig gekürzt werden. Zu lange Krallen stellen nicht nur ein hohes Verletzungsrisiko dar, sie können sogar die Körperhaltung des Stubentigers verändern. Das Körpergewicht wird auf den hinteren Teil der Ballen verlagert, was zu Verspannungen der gesamten Muskulatur führt.

▸ Beim Krallenkürzen muss man sehr vorsichtig vorgehen, weil die Katze dabei verletzt werden kann. Halten Sie die Kralle gegen das Licht, um den innen liegenden Nerv und die Blutgefäße sehen zu können. Diese dürfen Sie beim Kürzen keinesfalls berühren oder gar abschneiden.Sollte das passieren, fügen Sie Ihrer Katze große Schmerzen zu und die Pediküre endet mit einem Blutbad.

▸ Es ist ratsam, zum Krallenschneiden den Tierarzt aufzusuchen. Er hat eine spezielle Krallenzange, mit der er die überlangen Hornspitzen gezielt kürzen kann.

▸ Setzen Sie Ihre Katze zum Krallenschneiden auf Ihren Schoß und legen Sie ein Handtuch unter.

▸ Positionieren Sie Ihre Katze so, dass sie mit dem Hinterteil zu Ihnen auf Ihren Beinen hockt. So können Sie bequem von hinten ihre Pfoten mit einer Hand festhalten, während Sie mit der anderen die Krallenzange führen.

Beim Krallenkürzen bitte immer ganz vorsichtig vorgehen, damit Sie nicht aus Versehen ins „Leben" schneiden.

Tipps & Tricks Kratzbäume

Katzen haben scharfe Krallen. Und wenn sie die spitzen Waffen nicht an geeigneten Stellen abnutzen können, müssen mitunter die Möbel des Zweibeiners herhalten. Um zerfetzten Sofabezügen und Schrankwänden mit Spurrillen vorzubeugen, muss ein Kratzbaum her, auch wenn er vielleicht nicht so gut zur restlichen Einrichtung passt. Da Kratzbaum nicht gleich Kratzbaum ist, sollten Sie bei der Auswahl folgende Tipps beherzigen.

▸ Kratzbäume müssen stabil sein. Wenn das Ganze wackelt oder sogar kippt, wird der Stubentiger keine Freude daran haben. Der „schiefe Turm von Pisa“ birgt sogar ein Verletzungsrisiko. Hat sich die Katze erst einmal wehgetan, schwindet das Vertrauen in den Kratzbaum und sie wetzt ihre Krallen wieder am Sofa.

▸ Eine gewisse Höhe sollten Kratzbäume schon haben. Viele Modelle reichen bis unter die Decke und ermöglichen einen herrlichen Kletterspaß. Doch auch hier gilt: Sicherheit geht vor. Der Kratzbaum sollte einen großen, stabilen Fuß haben. Außerdem ein Element, das sich unter der Decke befestigen lässt. Nur so können Sie sicher sein, dass er der stürmischen Spiellaune Ihres Schmusetigers standhält.

▸ Es ist gar nicht einmal besonders schwer, einen attraktiven Kratzbaum zu bauen. Marke Eigenbau hat den Vorteil, dass Sie das Objekt der kätzischen Begierde präzise auf Ihre individuellen Bedürfnisse ausrichten können. Das Raumangebot, gestalterische Präferenzen und die allgemeine Optik können bei einem selbst gebauten Kratzbaum besser berücksichtigt werden als bei einem Standardmodell aus dem Zoofachhandel.

▸ Sie benötigen folgende Materialien, um einen Kratzbaum zu bauen:
- einen Holzstamm oder ein stabiles Kunststoffrohr aus dem Baumarkt
- Sisal zum Umwickeln der einzelnen Elemente
- Holzbrettchen, die später als Sitz- und Liegeflächen dienen
- einen stabilen Stoffbezug, Teppichreste oder „Teddyfell“
- einen Hammer, Nägel, Schrauben
- Teppichkleber
- Spielelemente (Bällchen, die an einem Band hängen, bunte Bänder etc.)
- Achten Sie bei den Spielelementen auf Qualität. Sie sollten farbecht und ungiftig sein.

▸ Die Kratzbrett-Alternative

Sisal-Eckschoner oder Kratzbretter sind eine Alternative zum Kratzbaum. Allerdings bieten sie längst nicht so viel Spaß.

Gesundheit

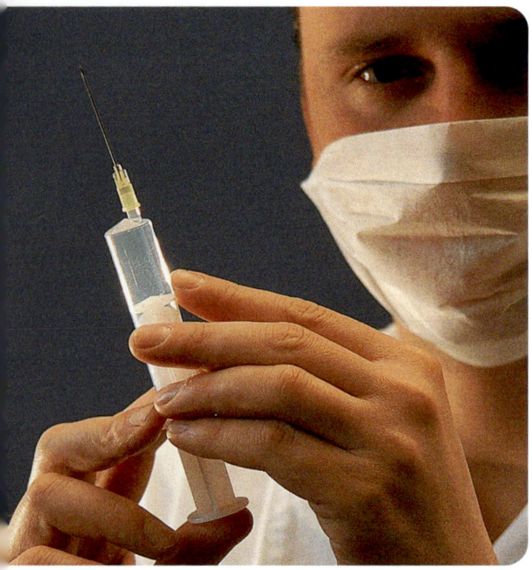

Impfungen & Entwurmungen

Katzen müssen von klein auf regelmäßig zum Tierarzt. Blutuntersuchungen, das Prüfen des Allgemeinzustandes und die Grundimmunisierung gegen gefährliche Krankheiten wie Katzenschnupfen, Katzenseuche, Leukose, Tollwut und FIP (Feline Infektiöse Peritonitis) gehören zum Tierarztprogramm der ersten Lebenswochen. Diese wichtige Gesundheitsvorsorge darf ein verantwortungsvoller Katzenbesitzer keinesfalls versäumen.

Normalerweise übernehmen Sie ein Rassekätzchen im Alter von circa zwölf Wochen. Zu diesem Zeitpunkt hat der Züchter bereits den Grundstein für die Gesundheitsvorsorge gelegt: Das Kätzchen ist auf Leukose getestet (das Testergebnis sollte „negativ“ sein) und hat bereits mehrere Impfungen erhalten. Im Alter von circa acht Wochen wurde es gegen Katzenschnupfen, Katzenseuche, Tollwut und Leukose geimpft. Vier Wochen nach den ersten Impfungen muss das Kätzchen erneut gegen Katzenschnupfen, Katzenseuche und Leukose geimpft werden. Erst nach der Wiederholungsimpfung besteht ein einjähriger Impfschutz, der regelmäßig aufgefrischt werden muss. Die Impfung für Katzenschnupfen, Leukose und Tollwut muss jährlich wiederholt werden; die Impfung gegen Katzenseuche steht alle zwei Jahre an.

Kleiner Piek, große Wirkung. Sorgen Sie dafür, dass Ihre Katze regelmäßig geimpft wird, um lästige Erkrankungen zu vermeiden.

Es besteht auch die Möglichkeit, Katzen gegen FIP, Herpes und Pilz zu impfen. Dies ist sicherlich sinnvoll, wenn das Tier häufig Kontakt zu fremden Katzen hat oder wenn eine neue Katze ins Haus kommt. Freigänger, Ausstellungskatzen und Katzen aus größeren Beständen sollten vorsorglich geimpft werden.

Entwurmung

Würmer bedrohen die Gesundheit der Katze. Zudem besteht bei einigen Wurmarten die Gefahr, dass sie sich auf den Menschen übertragen. Spulwürmer und Taenien (Bandwürmer) sind die am weitesten verbreiteten Wurmarten. Welpen, Jung- und Muttertiere werden vorrangig von Spulwürmern befallen; Bandwürmer kommen häufig bei frei laufenden Katzen vor. Meistens wird der *Hydatigera taeniaeformis* diagnostiziert; bei gleichzeitigem Flohbefall der Katze kann auch der Gurkenkernbandwurm (*Dipylidium caninum*) auftreten.

Freigänger haben ein bewegtes Leben. Auf ihren Streifzügen begegnen ihnen viele Tiere: andere Katzen, Hunde, Igel usw. Allerdings treffen sie auch auf kleinere Plagegeister wie Flöhe, Zecken und Wurmeier, die gern an ihren neuen Wirt andocken.

Wurmeier werden mit dem Kot der infizierten Katze ausgeschieden. Die Ansteckungsgefahr für andere Katzen ist hierbei sehr hoch: Täglich können mehrere Millionen von Spulwurmeiern ausgeschieden werden. Sie sind winzig und äußerst widerstandsfähig. Folglich können sie auch noch nach längerer Zeit eine Infektion hervorrufen.

Die Bandwurminfektion verläuft nicht direkt, sondern über einen Zwischenwirt. Mäuse, Hasen, Kaninchen, Flöhe und Fische können Zwischenwirte sein. In ihrem Körper verwandelt sich das Bandwurmei in eine Finne (Zystizerkoid), die die Bandwurminfektion bei der Katze auslöst, sobald sie mit dem Zwischenwirt in Kontakt kommt.Präparate gegen Würmer werden gerne als Paste verabreicht, die man direkt ins Maul der Katze einführt. Es gibt aber auch sogenannte Spot-On-Verfahren, die einfach auf die Haut des Stubentigers aufgetragen werden. Erkundigen Sie sich bei Ihrem Tierarzt danach.

Symptome

Abmagerung, Appetitmangel, stumpfes Fell, ein aufgedunsener Bauch, eine gestörte Entwicklung, Krämpfe und Blutarmut können Anzeichen für Wurmbefall sein. Bei vielen Katzen verläuft die Verwurmung allerdings symptomlos. Das macht die Vorbeugung von Wurminfektionen umso wichtiger.

Je nach Hersteller variieren die Angaben, wie oft ein Präparat gegeben werden sollte. Die meisten empfehlen, Kätzchen erstmals im Alter von 10 bis 14 Tagen zu entwurmen. In wöchentlichen Abständen (bis zwei oder drei Wochen nach dem Absetzen) folgen weitere Entwurmungen. Wenn Sie ein wurmfreies Kitten im Alter von zwölf Wochen übernehmen, sollten Sie es alle drei Monate entwurmen. Gefährdete Katzen, die unter schlechten hygienischen Bedingungen leben, sollten noch öfter entwurmt werden.

Kastration

Wer keine züchterischen Ambitionen pflegt, sollte seinen vierbeinigen Liebling auf jeden Fall kastrieren lassen, um eine ziellose Vermehrung und vermeidbare gesundheitliche Risiken auszuschließen. Man braucht übrigens keine Angst zu haben, dass sich das charakteristische Wesen der Samtpfote negativ verändert. Sie wird nach einer Kastration höchstens anschmiegsamer und ausgeglichener. Und die Gefahr einer Gebärmutterentzündung sinkt außerdem auch.

Zugegeben ... eine Kastration ist letztendlich natürlich mehr als ein operativer Eingriff, der eine Katze beziehungsweise einen Kater rein technisch unfruchtbar macht. Die durch eine Kastration bedingte Hormonumstellung wirkt sich nachweislich auf viele Körperfunktionen aus und beeinflusst gleichzeitig spezifische Verhaltensweisen der Katze.

Eine Kastration bewirkt eine hormonelle Umstellung, die unter Umständen erst nach vier bis sechs Wochen abgeschlossen ist. Während dieser Zeit kann es zu den unterschiedlichsten Reaktionen kommen.

Ganz schön k. o.! Potente Kater, die des Nachts auf Freierspfoten wandeln sind an manchen Tagen nicht zu gebrauchen.

Ein übersteigertes Aggressionsverhalten ist zum Glück nicht sehr häufig. Dennoch kann es auftreten, wird sich im Normalfall aber innerhalb absehbarer Zeit legen.

Kastrierte Katzen und Kater sehen potente Artgenossen beispielsweise keinesfalls mehr als ernst zu nehmende Konkurrenz. Weibliche Tiere werden nicht mehr rollig und ignorieren männliche Avancen. Kater stellen (wenn sie früh genug kastriert wurden) das lästige und geruchsintensive „Spritzen“ ein, das einem nicht an der Zucht interessierten Katzenhalter in der Regel überaus unangenehm ist, und wandeln nicht permanent auf „Liebespfaden“, was für ihre Besitzer sicherlich stets ein nervenaufreibendes Unterfangen war.

Bei Damen komplizierter

Während die Kastration eines Katers ein relativ einfacher medizinischer Eingriff ist, stellt die Kastration eines weiblichen Tieres eine größere Operation dar. Gleichzeitig scheint sich die durch die Kastration bedingte hormonelle Umstellung bei weiblichen Katzen besonders intensiv zu gestalten. Dennoch sollte dies kein Grund sein, den schnurrenden Hausgenossen durch den Verzicht auf eine Kastration in Gefahr zu bringen. Dauerrolligkeit, Gebärmutterentzündungen und Markieren kommen bei unkastrierten Katzen häufiger vor als bei kastrierten.

Ohrmilben

Obwohl es im Anfangsstadium schwierig ist, einen Ohrmilbenbefall festzustellen, gibt es Anzeichen, die auf die Anwesenheit unerwünschter Schmarotzer hinweisen: Katzen, die unter Ohrmilben (*Otodectes cynotis*) leiden, strahlen Unruhe aus, schütteln immer wieder den Kopf und kratzen sich häufig. Auch das Beknabbern und auffallend häufiges Putzen der Ohren, verklebte Haarstellen und Haarausfall in können Hinweise auf Ektoparasiten sein.

Im fortgeschrittenen Stadium sind Ohrmilben, die in manchen europäischen Regionen bis zu 80 Prozent der frei laufenden Katzen befallen, einfach zu entdecken. Man sucht die Ohren der Katze nach Veränderungen ab. Rötungen, kleine dunkle Krüstchen, übel riechender Ausfluss und schwarze Punkte können auf einen Parasitenbefall hinweisen. Außerdem schüttelt die Katze häufig den Kopf und kratzt sich intensiv im Bereich der Ohren.

Übertragungswege

Meistens kann sich der Katzenhalter gar nicht erklären, wo sich sein vierbeiniger Liebling mit Ohrmilben infiziert haben soll. Leider gibt es viele Übertragungswege und gegen manche Risiken kann auch die ausgeprägteste Putzwut nichts ausrichten.

Frei laufende Katzen schweben praktisch permanent in Gefahr, sich über Beutetiere mit Parasiten zu infizieren. Auch der Körperkontakt mit anderen infizierten Stubentigern und Hunden kann eine Parasiteninfektion zur Folge haben. Der Kontakt mit anderen Tieren ermöglicht Milben problemlos den Wirt zu wechseln. Freigänger sind natürlich wesentlich häufiger von Ohrmilben betroffen als Katzen, die ausschließlich in der Wohnung gehalten werden. Dennoch sollten Sie die Ohren regelmäßig überprüfen.

Behandlung

Ein parasitärer Befall erfordert eine umgehende Behandlung der Katze. Die meisten Parasiten werden medikamentös abgetötet, zum Beispiel mit antiparasitären Medikamenten. Ektoparasiten – wie auch den gefürchteten Ohrmilben – rückt man mit Pulvern, Sprays und Spülungen zu Leibe. Welche Behandlung im jeweiligen Fall angebracht ist, sollte der Tierarzt klären und Ihnen ein entsprechendes Mittel geben.

Ohrmilben verursachen ein unangenehmes Jucken. Wenn sich Ihre Katze ständig kratzt, wird es Zeit für einen prüfenden Blick.

Bach-Blüten

Die Londoner Arztpraxen des berühmten Dr. Edward Bach konnten dem Patientenansturm kaum standhalten, als die Bach-Blüten-Euphorie zu Beginn des 20. Jahrhunderts ihre Blütezeit erlebte. Bach beschäftigte sich außerdem intensiv mit der Homöopathie und versuchte nachzuweisen, dass der Darm eines Lebewesens eine wichtige Rolle für das Immunsystem spiele. Dr. Edward Bachs Erkenntnisse haben bis in die heutige Zeit ihre Gültigkeit bewahrt.

„Star of Bethlehem“, „Wild Rose“, „Rock Water“ und andere klangvolle Namen zieren die kleinen Stockbottles, deren Inhalt schon zu Kontroversen führte. Wirkt es überhaupt nicht? Alles pure Einbildung? Wenn es um Bach-Blüten geht, gibt es mindestens so viele verschiedene Meinungen wie es Stockbottles gibt.

Dabei war der Entdecker der Bach-Blüten-Therapie von der Heilungskraft seiner damals revolutionären Behandlung überzeugt: Dr. Edward Bach (1886–1936) leistete bereits zu Beginn dieses Jahrhunderts Pionierarbeit auf dem Gebiet der Naturheilkunde. Ursprünglich für die Behandlung menschlicher seelischer Probleme kreiert, weitete sich das Einsatzgebiet der Bach-Blüten, die ihren Namen ihrem Entdecker zu verdanken haben (es handelt sich nicht etwa um an Bachläufen gedeihende Blumen!), auch auf die Behandlung tierischer Probleme aus.

Bachs Ansatz geht von der unumstrittenen Tatsache aus, dass viele Krankheitssymptome seelische Ursachen haben. Zu seiner Zeit war so eine Aussage revolutionär. Man sollte bedenken, dass die Psychosomatik in Deutschland selbst heutzutage noch in den Kinderschuhen steckt und Dr. Bach diesbezüglich seiner Zeit deutlich voraus war. Seine Therapie zielt darauf ab, seelische Disharmonien auszugleichen. Und dass seine Methode funktioniert – davon sind weltweit unzählige von Menschen überzeugt.

Angst- und Aggressionstherapie

Im Klartext bedeutet das, dass Ängste aufgelöst werden können oder ein unnatürlich hohes Aggressionspozential herabgesetzt wird. „Ich habe bei Katzen, die panische Angst vor der Silvesterknallerei haben, mit Bach-Blüten gute Erfolge erzielt“, bestätigt die Naturheilkundlerin Christa Hattebur. Das Gleiche beobachtete sie bei Katzen, die große Angst vor dem Tierarztbesuch haben. „Bereits nach wenigen Behandlungstagen stellte sich bei den betroffenen Katzen Gelassenheit ein“, versichert die Naturheilkundlerin.

Bach-Blüten können angeblich helfen, unruhige Katzen ausgeglichener zu machen. Also keine Chance für Nervenbündel.

Die erzielten Erfolge seien unabhängig von der Rasse; nur bei Katzen mit gewissen Charaktereigenschaften, wie ausgeprägter Eifersucht, könne die Therapie eventiuell wirkungslos bleiben. „Auch bei sehr besitzerbezogenen Katzen bleibt die erwünschte Wirkung häufig aus“, erklärt Christa Hattebur.

Keine Nebenwirkungen

Anscheinend wirken Bach-Blüten bei Tieren schneller als bei Menschen. „Die erwünschte Wirkung sollte nach spätestens drei bis vier Behandlungstagen einsetzen, ansonsten ist die Therapie nutzlos“, beteuert Christa Hattebur. Entweder sei dann die Bach-Blüten-Mischung falsch dosiert oder generell eine andere Behandlungsmethode angesagt. Beruhigend ist in jedem Fall, dass auch eine für den Patienten unpassende Bach-Blüten-Mischung nicht zu unerwünschten Nebenwirkungen führt.

Unsauberkeit und Integrationsprobleme

Außer bei Ängsten und Aggressivität setzt man die Bach-Blüten-Therapie auch bei Unsauberkeit und Integrationsproblemen ein. Unsauberkeit ist oft eine Reaktion, die auf innere Unzufriedenheit hinweist. Besonders Tiere aus dem Tierheim haben manchmal Schwierigkeiten, sich in ein neues Lebensumfeld zu integrieren. Oft müssen sie Enttäuschungen oder Misshandlungen verarbeiten. „Ihnen kann man die Eingewöhnung durch eine Bach-Blüten-Therapie erleichtern“, erklärt die Naturheilkundlerin, die selbst jahrelang ein Tierheim leitete.

Mischungen selbst herstellen

Die Bach-Blüten-Konzentrate befinden sich in sogenannten Stockbottles. „Ich verdünne einen Tropfen des Konzentrates mit zehn Milliliter Mineralwasser. Man sollte kein stilles oder entmineralisiertes Wasser verwenden“, erklärt die Naturheilkundlerin. Besser sei es, die Kohlensäure des Mineralwassers mit einem Löffel aus dem Glas zu schlagen.

Bach-Blüten können nicht überdosiert werden.

Die nun entstandene Menge entspricht circa drei Vierteln der Flaschenfüllung. Das letzte Viertel wird mit Cognac oder Obstessig aufgefüllt, um die Mischung zu konservieren. Katzen erhalten normalerweise viermal täglich vier Tropfen der Bach-Blüten-Mischung und zusätzlich vier Tropfen ins Trinkwasser. „Eine Überdosierung ist nicht möglich“, versichert Christa Hattebur.

Sie sieht es gern, wenn ihre Kunden selbst dazu übergehen, die Bach-Blüten-Mischungen herzustellen. Unter Anleitung eines Naturheilkundlers ist eine Eigenherstellung durchaus möglich. Der Tierhalter muss sich lediglich über die 38 „Bach-Blüten-Zustände“ informieren und prüfen, welche Pflanzen für sein Tier angebracht sind.

Bach-Blüten-Mischungen kann man auch selbst herstellen. Sie brauchen Stockbottels, Mineralwasser und Essig oder Alkohol.

Bach-Blüten im Überblick
Anwendungsgebiet

Agrimony	Innere Unruhe und Probleme
Aspen	Ängste, Schreckhaftigkeit
Beech	Aggressivität, Intoleranz
Centaury	Zurückhaltung, Willensschwäche
Cerato	Kein Selbstvertrauen
Cherry Plum	Temperamentsausbrüche
Chestnut Bud	Katze lernt nicht aus Erfahrung
Chicory	Egoismus
Clematis	Gedankenlosigkeit
Crab Apple	Ständiges Lecken, Putzen, Kratzen
Elm	Erschöpfungszustände
Gentian	Misstrauen
Gorse	Müdigkeit, Resignation
Heather	Bedürfnis, im Mittelpunkt zu stehen
Holly	Eifersucht
Honeysuckle	Desinteresse
Hornbeam	Energielosigkeit
Impatiens	Ungeduld, Gereiztheit
Larch	Schüchternheit
Mimulus	Scheu, Furchtsamkeit
Mustard	Niedergeschlagenheit
Oak	Erschöpft und trotzdem noch aktiv
Olive	Erschöpfung
Pine	Schuldbewusstsein (übertrieben)
Red Chestnut	Sorge um Artgenossen und Menschen
Rock Rose	Panikzustände
Rock Water	Unterdrückung natürlicher Bedürfnisse
Scleranthus	Stimmungsschwankungen
Star of Betlehem	Schock
Sweet Chestnut	Verzweiflung
Vervain	Übereifer
Vine	Ehrgeiz (übertrieben)
Walnut	Verunsicherung
Water Violet	Reserviertheit
White Chestnut	Unausgeglichenheit
Wild Oat	Unzufriedenheit
Wild Rose	Apathie
Willow	Launenhaftigkeit
Rescue, Notfalltropfen und Creme	Schockzustände

Düfte für die Seele

Ätherische Öle verbreiten nicht nur einen angenehmen Duft, sie wirken sich auch auf die Gesundheit und Stimmung der Katze aus. Deshalb sollten Sie sich vor dem Kauf eines Öls überlegen, welche Ziele Sie mit der Aromatherapie verfolgen. Sie wollen eine gesundheitliche Störung bekämpfen? Dann müssen Sie zuerst ein Gespräch mit Ihrem Tierarzt führen. Sie möchten, dass Ihre Katze einfach etwas entspannter wird? Dafür gibt es sicherlich das richtige Öl.

Die wohltuende Wirkung ätherischer Öle ist der Menschheit seit Jahrtausenden bekannt.

Unsere Vorfahren stärkten sich durch Räucherungen mit getrockneten Pflanzen, verarbeiteten Früchte, Rinden, Harze und Gräser, kreierten Duftsalben aus zerstampften Blüten. Einige Kulturen beherrschten schon früh die Kunst, Essenzen herzustellen. Heute wird die Aromatherapie auch erfolgreich bei Katzen angewandt.

Sie haben verschiedene Möglichkeiten, Ihre Katze in den vollen Genuss ätherischer Öle zu bringen. Ein Duftlämpchen gehört zu den bekanntesten Alternativen.

Füllen Sie das Schälchen der Duftlampe mit Wasser und geben Sie einige Tropfen ätherischen Öles dazu. Die Anzahl der Tropfen variiert mit der Intensität des Öls und bewegt sich in der Regel zwischen drei und fünf Tropfen pro Anwendung.

Raumsprays

Ätherische Öle können auch in Form eines Raumsprays ihre wohltuende Wirkung verbreiten.

Nachdem Sie ein ätherisches Öl Ihrer Wahl in medizinischen Alkohol gelöst haben, füllen Sie das Sprühfläschchen mit destilliertem Wasser auf. Das senkt die Kosten und schwächt den Alkoholgeruch ab. Wundern Sie sich nicht, wenn sich die Mixtur nun milchig eintrübt. Das tut der angenehmen Wirkung keinen Abbruch und hat auch keinerlei Auswirkung auf die Haltbarkeit des Sprays. Auf 100 Milliliter Flüssigkeit kommen 10 bis 15 Tropfen ätherischen Öls. Katzen schätzen Raumsprays mit leichten ätherischen Ölen: Eukalyptus, Lavendel und Meerkiefer stehen bei der schnurrenden Zunft besonders hoch im Kurs.

Katzen reagieren auf bestimmte Düfte sehr fasziniert.

Ungiftige Zimmerpflanzen

Man hat es nicht leicht als Katzenhalter. Im Blumenladen locken die herrlichsten Zierpflanzen zum Kauf: Azaleen, Primeln, Zimmerefeu, Dieffenbachien, Narzissen, Einblatt, Weihnachtssterne... Leider nichts für Katzenfreunde. Viele der im Handel angebotenen Pflanzen und Schnittblumen sind nämlich giftig. Hier einige ungiftige Pflanzenideen für Menschen mit Herz für Katzen.

▸ **Alpenveilchen** *(Cyclamen persicum)* enthalten zwar Reizstoffe, scheinen für Katzen aber nicht gefährlich zu sein.

▸ **Bubiköpfe** *(Soleirolia soleirolii)* gehören zu den Nesselgewächsen. Sie stammen aus Korsika und Sardinien.

▸ **Drazaen** werden auch Drachenlilien genannt. In ihren Heimatgebieten kann sie meterhohe Ausmaße erreichen – in der Wohnung wird sie nicht so groß.

Drachenbäumchen zieren viele Wohnzimmer und sind zudem ganz ungefährlich, sollte sich eine Katze an ihm vergreifen.

Hier ein prächtiger Bubikopf. Der Genuss bleibt ohne Folgen, außer dass es das Herz des Pflanzenfreundes bricht.

▸ **Flammende Käthchen** *(Kalanchoe blossfeldiana)* gehören zur Familie der Dickblattgewächse *(Crassulaceae)*, die hochgiftige Exemplare enthält. Dennoch scheint das Flammende Käthchen zu den ungefährlichen Ausnahmen zu gehören.

▸ **Glockenblümchen** *(Campanula)* sind nicht giftig. Sowohl die Brüchige Glockenblume *(Campanula fragilis)* als auch die Gleichblättrige Glockenblume *(Campanula Isophylla)* sind für Katzenhaushalte geeignet.

▸ **Kirschzweige** mit zarten Blüten sind Vorboten des Sommers. Sie sind besonders attraktiv und hervorragend dazu geeignet, den Katzenhaushalt zu verschönern, ohne die Gesundheit des geliebten Haustieres zu gefährden. Das Gleiche gilt für Birnen- und Apfelzweige.

▸ **Levkojen** *(Matthiola)* gehören zur Kreuzblüter-Gattung. Wir kennen sie als Kräuter, Halbsträucher oder in Form von herrlich duftenden Schnittblumen mit graufilzig behaarten Blättern. Es gibt die einjährige Sommer-Levkoje *(Matthiola annua)* und die zwei- oder mehrjährige Winter-Levkoje *(Matthiola incana)*. Ob violett, weiß oder gelb – Levkojen gelten als ungiftig und dürfen den Katzenhaushalt verschönern.

▸ **Rosen** *(Rosa)* passen in einen Katzenhaushalt. Wir kennen sie als Schnittblumen, aus dem Garten und als Topfblume. Topfrosen sind meistens Zwergrosen, die das ganze Jahr über angeboten werden. Gartenrosen, die auf einen Topf getrimmt werden, müssen nach der Blütezeit wieder in die Freiheit entlassen werden. Die kleinen Vertreter der Gattung halten sich wesentlich länger.

▸ **Sonnenblumen** bringen Farbe in die Wohnung. Ihre intensive gelbe Farbe wirkt sich positiv auf die Stimmung aus. Die Stimmung von Katzenfreunden dürfte euphorisch sein, denn auch Sonnenblumen gehören zu den ungefährlichen Pflanzen.

▸ **Stiefmütterchen** gehören zur Gattung der Veilchen und erfreuen sich vor allem als Balkonblume größter Beliebtheit. Manch einer verziert mit ihnen auch gern seine Wohnung.

▸ **Tulpen** *(Tulipa gesneriana)* sind in Europa bereits seit dem Mittelalter bekannt. Ursprünglich stammen sie aus den Gebieten zwischen Kleinasien und Persien. Als Schnittblume scheint die Tulpe keinerlei Gefahr für unsere Vierbeiner zu bergen.

▸ **Pantoffelblumen** *(Calceolaria)* gelten als unbedenklich. Die hübschen Einjahrsblüher stammen aus den Gebirgswäldern der südamerikanischen Anden. Pantoffelblumen gibt es einfarbig, getigert und zweifarbig. Sie lieben feuchte Kühle und gehören möglichst ans Nordfenster der Wohnung.

▸ **Proteen** sind Vertreter der Silberbaumgewächse *(Proteaceae)*. Diese Gattung gedeiht vorrangig in südlichen Gefilden, erfreut sich aber dank ihrer attraktiven Blüten auch in Deutschland größter Beliebtheit. Die Blüten stehen je nach Sorte in üppigen Trauben, Ähren oder Köpfchen.

▸ **Zimmerbambus:** Die Miniaturvariante des Bambus gehört zur Gattung der sogenannten Süßgräser *(Poacea)*.

Leuchtend schön, voll und golden: die Sonnenblume. Sie ziert jede Vase und ist eine ungiftige Dekoration.

Ein erster Frühlingsgruß: Tulpen. Als Schnittblumen bieten sie erste Farbtupfer und sind völlig ungefährlich.

Ungiftige Gartenpflanzen

Ein liebevoll gestalteter Garten ist ein kleines Paradies. Viele Gartenfreunde lassen ihren botanischen Vorstellungen freien Lauf und verwandeln jedes Fleckchen Grün in ein bunt blühendes Meer aus Blüten und Knospen. Katzenhalter sollten darauf achten, dass sich im Revier der Katzen keine giftigen Pflanzen befinden. Hier einige dekorative und völlig ungefährliche Vorschläge. Einfach ein bisschen kreativ sein, dann lässt sich auch der Katzengarten hübsch gestalten.

Erschreckend viele Katzenhalter setzen auf die Instinktsicherheit ihres Tieres und sind überzeugt davon, dass ihr Stubentiger einen großen Bogen um giftige Pflanzen macht. Die Vielzahl von Vergiftungsfällen in Tierarztpraxen und Tierkliniken beweist allerdings das traurige Gegenteil: Vergiftungen durch Pflanzen sind nicht selten – sie werden hierzulande lediglich weniger publik gemacht als zum Beispiel in den USA.

Die im Folgenden aufgelisteten Gartenpflanzen gelten als unbedenklich:

▸ **Alyssum** ist der botanische Name des Steinkrauts. Es gehört zur Familie der Kreuzblütler *(Cruciferae)*. Der ausdauernde Frühjahrs- und Sommerblüher gedeiht in Steingärten und Blumenrabatten.

▸ **Edellieschen, Neuguinea-Lieschen und Fleißiges Lieschen** sind krautige Halbsträucher, die eine Höhe von bis zu 60 Zentimetern erlangen können. Sie wachsen gern an lichten Schattenplätzen.

▸ **Eisbegonien** zählen zur Gattung der Begoniaceae. Begonien sind Schiefblattgewächse, die aus den tropischen Regenwäldern Afrikas, Süd- und Nordamerikas sowie Asiens stammen.

Die meisten Zuchtformen gelten als ungiftig. Mit einer Ausnahme: die Knollenbegonie *(Begonia tuberhybrida)*.

▸ **Eisenkraut:** Die Familie der Eisenkrautgewächse ist groß. Neben den als unbedenklich geltenden Verbena-Arten (Eisenkraut) findet man auch giftige Verbenaceae-Arten: zum Beispiel das Wandelröschen *(Lantana camara)*.

▸ **Elfensporn** und Elfenblume *(Epimedium)* gehören zur Familie der Sauerdorngewächse (Berberidaceae). Die attraktiven Schattenstauden eignen sich hervorragend als Bodendecker. Vorsicht bei anderen Vertretern der Berberidaceae! Einige Sauerdorngewächse enthalten Giftstoffe.

Freigänger sind einem enormen Giftpflanzenrisiko ausgesetzt. Leider kann man sich nicht immer auf die Instinkte der Samtpfoten verlassen.

▸ **Fuchsie und Korallenfuchsie:** Charles Plumier, der um 1700 auch die Begonie in Europa einführte, gilt als Entdecker der Fuchsie. Hängende Blüten zieren das strauchartige Gewächs, das gern an luftigen, im Halbschatten liegenden Orten wächst.

▸ **Gänseblümchen:** Falls Sie glauben, dass Gänseblümchen langweilig sind, sollten Sie einmal einen Blick auf die Edelzüchtungen werfen. Gänseblümchen gibt es in den unterschiedlichsten Farben und Variationen.

▸ **Geranie:** Diese Pflanzengruppe wird in die Gattungen *Pelargonium* und *Geranium* (Storchschnabel) unterteilt. Die hellgrüne Farbe der Blätter ist sehr intensiv; die Blüten sind groß und bestechen durch ihre Farbvielfalt. Geranien lieben milde Morgen- und Abendsonne.

▸ **Magnolien** können bis zu 25 Metern hoch werden. Sie wachsen am besten auf humusreichem Boden und mögen keinen Wind. Magnoliaceae bestechen durch ihre großen Blüten.

▸ **Männertreu** ist auch als Lobelie *(Lobelia)* bekannt. Lobelien gehören zur Familie der Glockenblumengewächse (Campanulaceae). Die einjährige, langstielige Sommerblume hat unzählige kleine Blüten, die von Mai bis August blühen.

▸ **Margerite:** Margeriten sind auch als Chrysanthemen, Winterastern und Wucherblumen bekannt. Die üppig blühende Gartenblume steht gern in voller Sonne oder im Halbschatten.

▸ **Pantoffelblumen** sind ein- oder mehrjährige Topfpflanzen, die auch im Garten gedeihen. Sie stehen am liebsten im Halbschatten in feuchter Erde.

▸ **Petunien** zieren europäische Gärten bereits seit mehr als 150 Jahren. Die als Trichterblume bezeichnete, einjährige Sommerblume blüht von Mai bis September und kann bis zu 80 Zentimeter groß werden. Petunien lieben warme Temperaturen. Beim ersten Frost sterben sie ab. Da sie ohnehin einjährige Pflanzen sind, ist das nicht schlimm.

Margerite

Stiefmütterchen

Rosen

▸ **Rose:** Rosengewächse (Rosaceae) gedeihen in nördlich gemäßigten Klimazonen. Es gibt weit über 3000 Vertreter; über 100 Arten existieren allein in Mitteleuropa. Von populären Gartenrosen (botanischer Name: Rosa) geht kein Risiko für Katzen aus.

▸ **Stiefmütterchen:** Jahrhundertelang betrachtete man Stiefmütterchen als Unkraut. Inzwischen gibt es unzählige Unterarten. Die Blüten des Blümchens tragen fünf Kronenblätter, die einem kleinen Gesicht ähneln.

▸ **Weihrauch** *(Olibanum)* ist attraktiv und eignet sich aufgrund seines eindringlichen Duftes hervorragend als Insektenschreck. Weihrauch ist eine beliebte Balkonpflanze, die auch Mottenkönig genannt wird.

Tipps & Tricks Kahlschlag

Katzen lieben Grünzeug. Gegen den Verzehr von Katzengras ist auch gar nichts einzuwenden – im Gegenteil: Hierdurch wird die Verdauung angeregt und verschluckte Haare werden schneller wieder ausgeschieden. Ist jedoch kein Katzengras in Reichweite, vergreifen sich Stubentiger auch an anderen Pflanzen. Das kann mitunter recht gefährlich sein, zumal viele Schnittblumen und Topfpflanzen giftig sind. Hier einige Tipps und Tricks, die Katzenbesitzer beachten sollten.

▸ Stellen Sie Ihrer Katze frisches Katzengras zur Verfügung. Man kann es im Gartenfachhandel kaufen oder aus Samen selbst ziehen.

▸ Ihre Katze verschmäht das Katzengras? Versuchen Sie es mit einer anderen Sorte. Manche Katzen mögen lieber schmale, harte Halme, andere bevorzugen breite, weiche Grassorten.

▸ Vermeiden Sie Zimmerbegrünung, die für Katzen attraktiv ist. Hierzu gehören Gräser und Palmen. Für Katzen völlig unattraktiv sind zum Beispiel Kakteen oder Steingewächse.

Lange Blätter und Halme faszinieren Katzen.

▸ Werden Sie erzieherisch tätig. Beobachten Sie Ihre Katze und klatschen Sie laut in die Hände, sobald sie sich Ihren Pflanzen nähert. Auch eine mit kleinen Steinchen gefüllte Dose, die man in solch einem Moment überraschend schüttelt, oder ein gezielter Spritzer mit einer Wasserpistole können helfen.

▸ Beschäftigen Sie sich mehr mit Ihrer Katze. Pflanzen werden oft aus reiner Langeweile beknabbert.

▸ Pflanzen beknabbern beeinträchtigt nicht nur die Dekoration, sondern kann auch richtig gefährlich für Samtpfoten sein. Meiden Sie vorsichtshalber die folgenden Pflanzen, auch wenn sie in Deutschland sehr beliebt sind: Alpenrose, Anthurie, Azalee, Blauregen, Buchsbaum, Calla, Clematis, Geranie, Goldregen, Hortensie, Hyazinthe, Lorbeer, Maiglöckchen, Mistel, Oleander, Philodendron, Rittersporn, Usambaraveilchen und Weihnachtsstern.

▸ Besteht der Verdacht, dass sich die Katze vergiftet hat, ist sofort ein Tierarzt aufzusuchen.

▸ Wenn nicht klar ist, mit welcher Pflanze sich die Katze vergiftet hat, sollten Sie – soweit vorhanden – etwas Erbrochenes oder Kot mit zum Tierarzt nehmen.

Tipps & Tricks Sicherer Balkon

Nicht jeder hat einen Garten, nicht jeder möchte seine Katze hinauslassen. Wenn der Stubentiger trotzdem Frischluft schnappen soll, ist ein Balkon eine Alternative. Doch wenn er nicht abgesichert ist, kann der Ausflug ein böses Ende nehmen. Jährlich stürzen Katzen in die Tiefe. Oft sind sie tot oder schwer verletzt. – Der Gegenbeweis für das Gerücht, dass Mäusefänger immer auf den Pfoten landen. Wer Unfälle vermeiden will, muss seinen Balkon absichern.

Damit die Mieze nicht abstürzt

▸ Sie wohnen zur Miete? Dann sollten Sie sich bei Ihrem Vermieter erkundigen, ob er nichts gegen ein Katzennetz einzuwenden hat, bevor Sie sich an die Absicherung des Balkons machen.

▸ Sie wohnen in einem Eigenheim? Dann sollte es bei der Anbringung einer Katzenabsicherung eigentlich keine Probleme geben – dennoch Vorsicht! Es haben sich auch schon Besitzer von Eigentumswohnungen vor Gericht getroffen, weil ein Katzennetz angeblich das Gesamtbild störte.

Freiheit? Gern, aber bitte ohne Absturzgefahr. Ein Katzennetz hilft, sozusagen als Netz und doppelter Boden.

▸ Ein professionelles Katzennetz (erhalten Sie im Zoofachhandel oder im Internet) mit dem entsprechenden Befestigungsmaterial ist sicherlich die praktischste Lösung, um einen Balkon für den Stubentiger lückenlos abzusichern.

▸ Achten Sie darauf, dass das Katzennetz keine zu großen Maschen hat. Die Katze sollte keinesfalls den Kopf hindurchstrecken können. Ansonsten stranguliert sie sich womöglich.

▸ Das Katzennetz sollte aus einem reißfesten, ungiftigen Material bestehen.

▸ Wählen Sie ein Katzennetz in einer unauffälligen Farbe. Dann stört es auch die Nachbarn nicht.

▸ Eine Absicherung muss auf jeden Fall den gesamten Balkon verschließen. Es nützt nichts, nur die bodennahen Schlitze zuzumachen. Katzen sind gute Springer und kommen problemlos über ein Balkongeländer.

▸ Entscheiden Sie sich für eine Konstruktion, die sich leicht anbringen und ebenso leicht abbauen lässt.

▸ Benötigen Sie ganzjährig ein Katzennetz, sollten Sie beim Kauf auf witterungsbeständiges Material achten.

Risiko Haushalt

Die meisten Unfälle passieren im Haushalt. Das ist nicht nur bei Menschen so, auch Stubentiger verunfallen oft in den eigenen vier Wänden. Die Unfälle gestalten sich überaus abwechslungsreich – von Stromschlägen über Verbrennungen bis hin zu Quetschungen durch unachtsam zugeworfene Türen ist alles vertreten. Das ist ein bisschen wie mit kleinen Kindern. Vorausschauend Denken ist angesagt, wenn die Katze nicht zu Schaden kommen soll.

Herd/Backofen/Grill/Bügeleisen Kochtöpfe und Pfannen, die auf dem Herd köcheln und brutzeln, üben auf Katzen einen unwiderstehlichen Reiz aus. Manche versuchen, mit einem beherzten Sprung oder mithilfe der flinken Pfote an die vermeintliche Leckerei zu gelangen, reißen die Kochutensilien mit lautem Scheppern vom Herd und ziehen sich dabei Verbrühungen und Verbrennungen zu. Ein heißer Backofen, ein Gartengrill voller knuspriger Würstchen und ein heißes Bügeleisen stellen natürlich auch erhebliche Verbrennungsrisiken dar.

In der Nähe von Bügeleisen haben Katzen nichts verloren, auch wenn es schön warm und gemütlich ist.

Stromkabel Insbesondere junge Kätzchen tendieren dazu, mit ihren spitzen Zähnen in alle erdenklichen Gegenstände zu beißen. Leider kann der Katzennachwuchs nicht unterscheiden, ob das Opfer seiner Kauwut „katzensicher“ ist oder ob es ein lebensgefährliches Risiko birgt.

Stromkabel scheinen einen besonderen Reiz auf junge Katzen auszuüben, und das ist ganz und gar nicht ungefährlich. Das Anbeißen eines Kabels kann einen starken Stromschlag zur Folge haben, der im schlimmsten Fall sogar tödlich ausgeht. Defekte Steckdosen und schlecht isolierte Kabel stellen ebenfalls Gefahrenquellen dar.

Putzmittel/Chemikalien/Medikamente Putzmittel und Chemikalien sind Gefahrenquellen. Das Einatmen, der Verzehr und der direkte Hautkontakt können fatale Folgen haben. Schließen Sie hochwirksame Stoffe wie Medikamente, Putzmittel und andere Chemikalien prinzipiell sorgfältig weg. Das schützt Haustiere und kleine Kinder.

Garage Achten Sie darauf, dass sich Ihr Stubentiger nicht in der Garage aufhält, wenn dort ein Auto mit laufendem Motor steht. Das Einatmen der giftigen Dämpfe kann für den Vierbeiner gefährlich werden. Autoabgase sind schwerer als Luft und konzentrieren sich in Bodennähe. Für Sie sind Abgase auch nicht sehr förderlich.

Türen Türen können zu einer Falle werden, wenn man sie zuschlägt oder Zugluft dafür sorgt, dass Türen mit einem lauten Knall schließen. Schnell ist eine Pfote, der Schwanz oder der Kopf des Vierbeiners eingeklemmt.

Fremdkörper Katzenhalter sollten darauf achten, dass in ihrem Haushalt keine kleinen Gegenstände herumliegen. Es ist schier unvorstellbar, was Katzen alles in ihren Magen befördern: Nadeln, Knöpfe, Gummibänder, Plastikteilchen, Wollknäuel... Leider ist die kulinarische Unternehmungslust nicht ungefährlich: Manchmal müssen die Gegenstände sogar operativ entfernt werden. Häufiges Erbrechen, eine verkrümmte Haltung und ein aufgezogener Bauch können Anzeichen für einen verschluckten Fremdkörper sein.

Checkliste

Gefahren im Haushalt:

- Herd
- Backofen
- Grill
- Bügeleisen
- Stromkabel
- Steckdosen
- Putzmittel
- Medikamente
- Chemikalien
- Garage (Autoabgase)
- Türen
- Nadeln
- Knöpfe
- Gummibänder
- Geschenkbändchen
- Bindfäden
- kleine Plastikteile
- Glasscherben
- rutschiger Fußboden
- rutschige Treppen
- ungesicherte Balkone
- ungesicherte offene Fenster
- gekippte Fenster

Balanceakte in luftiger Höhe gehen nicht immer glimpflich aus. Auch wenn Stubentiger recht geschickt sind, kann ein Fehltritt vorkommen.

Glasscherben Herumliegende Glasscherben sind eine der häufigsten Verletzungsursachen im Haushalt. Schließlich geht jedem einmal ein Glas in der Küche zu Bruch oder man lässt eine gläserne Blumenvase fallen. In der Regel werden die Scherben natürlich umgehend entsorgt, aber oft bleiben in versteckten Winkeln Glassplitter zurück, die dem aufmerksamen Auge des Katzenhalters entgehen. Katzen spielen gern damit und können sich verletzen.

Rutschiger Fußboden Ein glatter Fußboden ist eine rutschige Angelegenheit. Das sogenannte Ausgrätschen der Katze kann schmerzhafte Sehnenverletzungen und Muskelfaserrisse verursachen, die vom Tierarzt behandelt werden müssen. Ältere und arthritische Miezen sind ganz besonders stark gefährdet.

Sturzgefahr Balkone, gekippte oder offene Fenster und steile Treppen sollten abgesichert werden, wenn sich im Haus ein Kätzchen befindet. Bei Abwesenheit des Besitzers sind Fenster und Balkontüren verschlossen zu halten. Diese Gefahren sind nicht zu unterschätzen. Für Unfälle am gekippten Fenster gibt es sogar den Begriff „Kippfenster-Syndrom". So häufig kommt es zu schweren Verletzungen durch Kippfenster, die durch ein bisschen Umsicht ganz einfach vermieden werden könnten.

Erziehung

Schnurrende Musterschüler?

Kann man Katzen überhaupt erziehen? Bedingt. Katzen sind selbstbewusst, eigenständig und vielleicht auch ein bisschen zu stolz, um sich dem menschlichen Willen bedingungslos unterzuordnen. Sogenannter Kadavergehorsam ist der schnurrenden Zunft fremd. Und dennoch lassen sich Stubentiger von hemmungsloser Anarchie abhalten. Man muss nur wissen wie. Bei diesem Unterfangen helfen einige Raffinessen. Teils mit erstaunlichem Erfolg!

Als Besitzer eines Kätzchens obliegt es Ihrem Einfühlungsvermögen, aus dem verspielten Fellknäuel eine Katze zu machen, die Ihre Gäste nicht überrascht, indem sie in den Nachtisch springt. Wenn Sie nicht möchten, dass Ihr Kätzchen über Tische und Bänke tobt, die Gardinen von den Wänden reißt und die Tapete in Konfetti verwandelt, sollten Sie ihm von klein auf zeigen, dass solche Kapriolen unerwünscht sind!

Es fällt zwar schwer, einem herzerweichend aus den Augen blickenden Kätzchen einen Wunsch abzuschlagen oder es auszuschimpfen, weil es sein Geschäft im Wohnzimmer verrichtet hat, aber dennoch sollte man es konsequent in seine Grenzen weisen. War ein Kätzchen unsauber, sagt man deutlich „Nein!“ und setzt es in seine Katzentoilette. Verrichtet es sein Geschäft am richtigen Ort, ist ein ausgiebiges Lob angesagt.

Katzen lassen sich nur bedingt erziehen. Diese hier ist zwar neugierig und will wissen, worum es geht, aber ob es letztendlich nach ihrem Geschmack sein wird, entscheidet immer noch sie. Sie brauchen schon ein paar überzeugende Argumente, um sie auf Ihre Seite zu bringen.

Regeln des Zusammenlebens

Es ist sinnvoll, einem Kätzchen von Anfang an zu zeigen, welche Verhaltensweisen erwünscht sind und welche Unstimmigkeiten mit sich bringen. Auf dem Küchentisch, neben den Esstellern und am Kühlschrank hat eine Katze sicherlich nichts verloren. Auch von gekippten Fenstern, Herdplatten, Bügeleisen und anderen gefährlichen Details des Haushaltes sollte man sie aus Sicherheitsgründen fernhalten.

Auf das Wie kommt es an

Doch wie vermittelt man einer Katze, was man von ihr möchte? Scharfe Kommandos, Schreien oder gar Handgreiflichkeiten sind nicht dazu geeignet, eine Katze zu erziehen. Im Gegenteil: Grobe Behandlungen verursachen einen irreparablen Schaden an der Katzenseele. Aus einem falsch behandelten Stubentiger kann sich innerhalb kürzester Zeit eine völlig verstörte Kreatur entwickeln, die jegliches Vertrauen in den Menschen verliert. Manche Katzen reagieren mit Unsauberkeit oder aggressivem Verhalten, andere verkriechen sich ängstlich in die hintersten Winkel der Wohnung.

Wasserspritzer als Erziehungsmaßnahme?

Jede Katze ist individuell veranlagt und bedarf einer auf sie abgestimmten Behandlung. Manche Stubentiger sind derartig sensibel, dass sie eine erhobene Stimme bereits als Anlass für ausgiebiges Schmollen nehmen. Während einige Samtpfoten bereits auf das leise drohende Zischen ihres Namens reagieren, zeigen sich robustere Exemplare völlig ungerührt, wenn ihr Besitzer grollt. Manche Katzenbesitzer schwören auf den wohldosierten Einsatz einer kleinen Wasserpistole, um besonders hartnäckige Vierbeiner beispielsweise vom Sprung auf den gedeckten Esstisch abzuhalten. Zu diesem nicht unumstrittenen, aber völlig harmlosen Mittel sollte man allerdings nur greifen, wenn mit der Stimme oder mit einem lauten Schlag auf einem Tisch wirklich nichts mehr zu erreichen ist.

Zeigen Sie auch Ihrem Kind, wie es mit der Katze umgehen soll. Oftmals handeln Kinder intuitiv und können Stubentigern erstaunliche Tricks beibringen.

Duftstoffe im Erziehungseinsatz

Es gibt einen erzieherischen Trick, der sich bei manchen unsauberen Katzen als hochwirksam erweist. Neigt eine Katze beispielsweise dazu, regelmäßig eine bestimmte Stelle innerhalb der Wohnung zu markieren, kann man diese Stelle mit einem natürlichen Duftöl (Zitronen- oder Orangenöl) betupfen. Es ist allerdings anzuraten, das Öl erst auf einem kleinen Fleck aufzutragen, um zu sehen, ob es auf dem betreffenden Material Flecken oder Verfärbungen verursacht. Die meisten Katzen reagieren mit Abscheu auf den Geruch und urinieren nicht mehr an ihrer Lieblingsstelle.

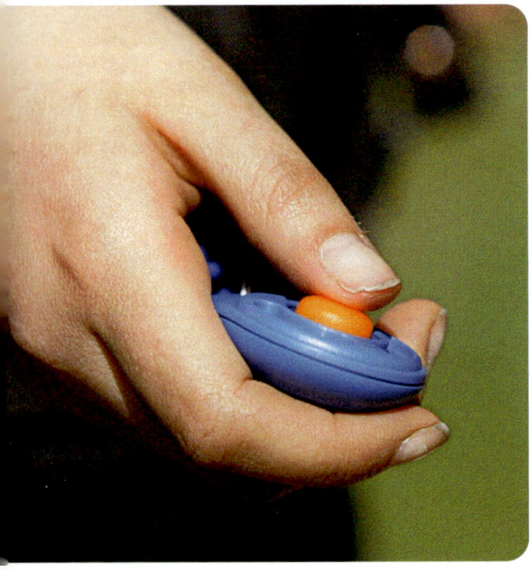

Clickertraining

„Klick-Klack!" – Die goldgelben Augen des Katers nehmen einen erwartungsvollen Ausdruck an. Er weiß, dass es nun ein Leckerchen gibt. Schließlich hat er sich auch brav auf die Hinterbeine gestellt, was für einen selbstbewussten Stubentiger eine beachtliche Leistung ist. Kleine Kunststücke ausführen, nur um dem amüsierten Zweibeiner eine Freude zu bereiten? Das ist ganz und gar nicht „katzenlike". Mit einem Clicker sieht die Sache allerdings schon ganz anders aus.

Als Katzenhalter steht man mit dem Thema „Lernerfolge" prinzipiell ein wenig auf Kriegsfuß. Samtpfoten erziehen? Das ist eine Kunst, die praktisch niemand zu beherrschen scheint. Der Versuch scheitert bereits an den einfachsten Übungen.

Und wie steht es mit Kunststücken? Nun gut, manche Katzenrassen scheinen für diesen Freizeitspaß mehr übrig zu haben als andere, aber generell gestalten sich erzieherische Versuche in dieser Hinsicht ebenfalls als anspruchsvoll.

Positive Bestärkung

Doch alles kann ganz anders werden, wenn man einen Clicker einsetzt: Das Clickertraining basiert auf einer positiven Bestärkung. Der Lernerfolg wird durch Motivation und Kreativität erzielt. Der Clicker dient hierbei als Verständigungsmittel, das als unverwechselbares Geräusch in Verbindung mit einem präzisen Lob (Leckerchen) zum Einsatz kommt. Die Katze soll Freude am Lernprozess haben und Fortschritte erzielen, die niemals durch eine Bestrafung gefährdet werden dürfen. Mit Druck und Zwang lässt sich bei Katzen nichts erreichen. Höchstens, dass sie sich zu ängstlichen und verstörten Zeitgenossen entwickeln. Wer hingegen einfühlsam mit ihnen umgeht, wird seine Ziele erreichen. Nur Geduld haben!

Cat in the box

Nun zu einem präzisen Beispiel: Sie möchten Ihrer Katze beibringen, in einen Karton oder ein anderes Behältnis zu klettern und herauszugucken. Zu diesem Zweck gehen Sie folgendermaßen vor:

- Sie wählen einen Behälter, ein Gefäß, einen Karton etc., in den die Katze problemlos hineinpasst, und stellen sicher, dass

Durch positive Bestärkung können Katzen vieles lernen. Es gilt nur, sie richtig zu motivieren. Die einen stehen auf Federn, die anderen auf Leckerli.

Standfestigkeit gegeben ist, damit der Vierbeiner nicht mitsamt Behältnis umfällt und sich erschreckt und legen Sie ein Leckerchen auf beziehungsweise in den Behälter.

▸ Wenn es sich um ein wirklich begehrtes Leckerchen handelt, wird der Stubentiger Witterung aufnehmen, sich dem Behälter nähern und das Leckerchen verzehren.

▸ Kurz bevor dies geschieht, betätigen Sie den Clicker. „Klick-Klack" – Futter: Dieser Zusammenhang soll sich der Katze einprägen.

▸ Der Stubentiger wird nun beginnen, den Behälter zu untersuchen. Vermutlich wird er hineinklettern, um auch im Inneren des Kartons nach Leckerbissen zu suchen. Dies ist der Moment, in dem Sie erneut den Clicker betätigen und der Katze ein Leckerchen geben: „Klick-Klack" – Futter. Daran wird sich der Vierbeiner erinnern.

▸ Der Trainingsablauf sollte wiederholt werden, wobei darauf zu achten ist, dass die Katze dem Ganzen nicht überdrüssig wird. Brechen Sie das Training ab, solange der Vierbeiner mit Freude bei der Sache ist.

▸ Sobald der Stubentiger von selbst in die Kiste klettert und triumphierend auf sein Leckerchen wartet, ist das Lernziel erreicht.

Übungen für Fortgeschrittene

Wenn Ihre Katze Spaß am Clickertraining findet, können Sie sich auch an schwierigere Übungen herantrauen. Einigen Katzenhaltern ist es bereits gelungen, ihren Vierbeiner mithilfe des Trainings dazu zu bewegen, sich auf die Hinterbeine zu stellen oder auf den menschlichen Rücken zu klettern.

Es gibt schier unzählig viele Kunststücke, die Sie Ihrer Katze mithilfe des Clickertrainings beibringen können. Neben dem Männchenmachen können Sie sie beispielsweise zum Springen oder Balancieren animieren. Ihrer Fantasie sind keine Grenzen gesetzt, solange Mieze mitmacht.

Der individuelle Erfolg und der Schwierigkeitsgrad der Kunststücke hängen allerdings nicht zuletzt vom Wesen und der Rasse der Katze ab. Generell ist davon auszugehen, dass ruhigere Gattungsvertreter wie Exotic Shorthairs weniger Interesse an akrobatischen Leistungen zeigen, als dies beispielsweise bei Orientalen der Fall ist.

Diesen angeborenen Voraussetzungen muss sich der Katzenhalter beugen, was nicht heißt, dass es nicht auch für Perser & Co. passende Kunststücke gibt. Sie müssen nur lernen, die natürlichen Anlagen Ihrer Katze zu erkennen und mit Geduld und Spaß zu fördern.

Nutzen Sie den Spieltrieb aus. Der kleine Kater ist so von dem Federwedel fasziniert, dass er sich von allein auf die Hinterbeine stellt. Schnell loben!

Das klappt doch schon ganz wunderbar. Nun macht er sogar Männchen ohne Federpuschel. Sicher gibt es dafür ein Leckerchen.

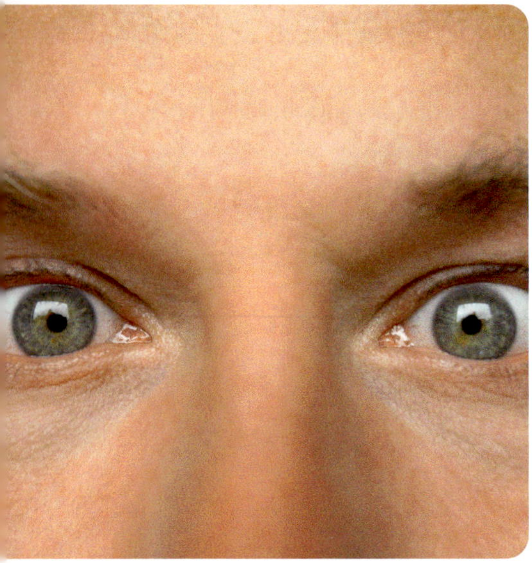

Ihre Katze – ein Tyrann?

Katzen können grausam sein. Hinter ihrem hübschen Gesicht verbirgt sich ein kleines, dafür aber komplexes Gehirn, das pfiffige Ideen produziert. Man sollte es nicht vermuten, denn die liebevoll blickenden Augen mit dem bezaubernden Wimpernaufschlag vermitteln einen friedfertigen Eindruck. Doch der Schein trügt: Wenn es darum geht, den eigenen Kopf durchzusetzen, Vorteile zu erzielen und den Zweibeiner zu manipulieren, stechen Katzen den gewitztesten Hund aus.

Manche Katzen sind Tyrannen. Der Zweibeiner mag zwar in dem Glauben leben, der Herr des Hauses zu sein, doch er täuscht sich. In Wirklichkeit hat der Vierbeiner längst das Regime übernommen und gestaltet die Regeln des Zusammenlebens neu.

Folgende Situation veranschaulicht kätzische Tyrannei: Der Katzenhalter kehrt nach einem langen Arbeitstag erschöpft heim. Er schlüpft aus den Straßenschuhen, balanciert mit der anderen Hand die Aktentasche und öffnet gleichzeitig die Tür. Sie ist kaum einen Spaltbreit geöffnet, als sich bereits drei vorwitzige Katzenköpfe zeigen. „Nein, ihr dürft nicht raus. Das wisst ihr doch“, rügt der Zweibeiner und überlegt, mit welchem Körperteil er die freche Stubentigerbande zurückhalten kann. Die unternehmungslustigen Samtpfoten wissen genau, dass der Hausflur tabu ist, und interessieren sich normalerweise nicht für Ausbruchsversuche. Steht der geschätzte Katzenhalter jedoch mit blankem Nervenkostüm und Taschen bepackt vor dem Eingang, droht ihm Fürchterliches.

Feierabend, ade

Der Feierabend auf der Couch rückt in weite Ferne: Einem Stubentiger ist es gelungen, sich durch die Beine des Heimkehrenden zu winden. Da noch andere Menschen das Haus bevölkern und die Gefahr besteht, dass jemand die Haustür öffnen und die Katze auf die stark befahrene Straße lassen könnte, ist Handlungsbedarf gefragt. Man stolpert über die vor der Tür liegenden Schuhe und spurtet auf Socken hinter dem Ausreißer her,

Lucy ist sauer. Sie will raus und darf nicht. Und dann kommt auch noch Frauchen. Wenn es nicht nach ihrem Kopf geht, setzt es einen Pfotenhieb.

Katzen können ganz schön dominant werden.

der die spaßige Feierabendeinlage geplant zu haben scheint.

Es geht treppauf und treppab. Bleiben die Fangversuche erfolglos, versucht man es mit Leckerchen. Man rappelt lockend mit der Dose – erfolglos. Man lässt sich im Hausflur auf die Knie nieder, um den unter dem Treppenabsatz hockenden Vierbeiner ins Visier zu nehmen, und wird genau in diesem Moment vom Nachbarn entdeckt, der einen seltsamen Eindruck gewinnt. Und der Stubentiger? Der feixt. Seiner Meinung nach ist dieser Feierabendspaß von geradezu grandioser Qualität.

Erpresserische Samtpfoten

Ein anderes Beispiel: Der Katzenhalter will am Computer arbeiten. Doch er hat die Rechnung ohne seine Stubentiger gemacht. Schon naht der erste vierbeinige Tyrann. Er springt frech auf den Schreibtisch, drängt sich zwischen Tastatur und Bildschirm. Lautes Schnurren, freundliches Köpfchengeben und ein liebenswerter Blick vermitteln das Gefühl, dass es herzlos wäre, das verschmuste Haustier nun vom Schreibtisch zu jagen. Man streichelt es also, sagt „Feiner Schatz …" und schiebt den Vierbeiner sanft vom Tisch. Bei so viel Diplomatie kann die Katze doch nicht sauer sein – oder etwa doch?

Aus dem Nebenzimmer ertönt kurz darauf lautes Würgen. Kann es Zufall sein, dass der Vierbeiner gerade jetzt das Thunfisch-Frühstück über dem champagnerfarbenen Schlafzimmerteppich verteilt? Wer will seiner Katze schon Vorsatz unterstellen?! Man steht auf, beseitigt das Malheur und registriert, dass die Augen des Stubentigers einen seltsamen Ausdruck haben. Sollte in der glänzenden Bernsteinfarbe gar eine Spur triumphaler Rachelust erkennbar sein?

Kurz darauf erklimmt der Stubentiger erneut den Schreibtisch. „Na, traust du dich, mich wieder vom Tisch zu jagen?", scheint er zu fragen. „Lieber nicht", denkt sich der Katzenhalter und findet sich damit ab, mit vorwitzigen Katzenpfoten um die Tastatur des Computers konkurrieren zu müssen.

Seien Sie stark!

Es gibt unzählige Formen der Tyrannei, und Katzen gelten als Experten auf diesem Gebiet. Sie rücken sich in den Mittelpunkt, wenn sie Beachtung finden wollen; sie fordern uns zum Spielen auf, wenn ihnen langweilig ist; sie protestieren, wenn sie der Meinung sind, dass ihnen nicht der nötige Respekt gezollt wird, und eigentlich haben sie recht. Manchmal terrorisieren sie uns aber auch aus Spaß, nur aus Liebe und Zuneigung sozusagen. Als Katzenhalter muss man das Wegstecken können – aus Liebe und Zuneigung, versteht sich.

Zucht

Zuchtkaterhaltung

Das Thema Zuchtkaterhaltung ist ein viel diskutiertes Thema, das schon so manchen erfahrenen Katzenbesitzer mit unerwarteten Problemen konfrontierte und letztendlich zur alles entscheidenden Gretchenfrage führte: „Kann man einen potenten Kater überhaupt artgerecht halten und in das normale Familienleben integrieren?" Dass das schwierig ist, weiß jeder, der potente Zuchtkater hält. Dennoch gibt es Lösungen, die für Mensch und Tier akzeptabel sind.

Potenz kann gewisse Verhaltensweisen mit sich bringen, die aufgrund ihrer Geruchsintensität (Spritzen) zu verächtlich gerümpften Nasen führen und außerdem die Gefahr unerwünschten Nachwuchses bergen. Auch vom Umgang her gleicht ein potenter Kater nicht unbedingt seinen entmannten Artgenossen. Für ihn ist das andere, auf samtweichen Pfoten daherkommende Geschlecht nicht selten viel interessanter als Zweibeiner, die mit Streicheleinheiten und Leckerchen um die Gunst des werten Herrn buhlen.

Nichts für Anfänger

Ein potenter Deckkater gehört ausschließlich in die Hände eines erfahrenen Züchters. Wer nicht zum Fortbestand edler Rassekatzen beitragen möchte, sollte seine Stubentiger ausnahmslos kastrieren lassen, um Unannehmlichkeiten und gesundheitlichen Problemen der Tiere vorzubeugen.

Wer eine Zucht aufbauen möchte, ist auch nicht gleich auf die Präsenz eines eigenen Deckkaters angewiesen. Meistens empfiehlt es sich, in der ersten Zeit mit den Damen des Hauses den Kater eines anderen Züchters zu besuchen.

Die fachgerechte Haltung und Pflege eines Deckkaters erfordert ein hohes Maß an Know-how und ist nichts für Einsteiger mit züchterischen Ambitionen. Rassespezifische Unterschiede kommen zusätzlich zum Tragen. Orientalische Deckkater neigen beispielsweise dazu, schwierige Verhaltensweisen zu entwickeln, die nur von einem erfahrenen Züchter gemeistert werden können.

Die Katze signalisiert durch ihr Herumrollen Paarungsbereitschaft.

Der Kater hat „angebissen" und nimmt die Verfolgung auf.

Ausgeglichenheit

Insbesondere junge Kater sprühen regelrecht vor hormoneller Energie und brauchen in den ersten Jahren eine relativ große Anzahl von Deckakten, um ausgeglichen und bei guter Laune zu bleiben. Deshalb sollte sich jeder potenzielle Deckkaterhalter vor der Anschaffung eines vierbeinigen Potenzprotzes genau überlegen, ob er selbst über eine ausreichende Anzahl an weiblichen Katzen verfügt, die für Deckungen bereitstehen, oder ob er auch Fremddeckungen zulassen will, was letztendlich stets ein schlecht kalkulierbares Gesundheitsrisiko birgt. Die Verantwortung des Züchters sollte jedoch so weit gehen, dass ein Jung- oder Nachwuchskater erst einmal mehrere Würfe innerhalb des eigenen Zuchtbestands hervorgebracht haben sollte, bevor er den Katzen anderer Züchter zur Verfügung steht.

Fremddecken heißt Verantwortung

Fremddeckungen bergen ein hohes Maß an Verantwortung – gegenüber den eigenen und den fremden Katzen. Ein seriöser Züchter legt Wert darauf, dass sich die Damen, die vorübergehend zu Besuch sind, auch wirklich rundum wohlfühlen. Sie werden keinesfalls einfach auf gut Glück gemeinsam mit dem Kater in ein womöglich noch mit Gartengeräten vollgestelltes Freigehege oder einen isolierten Keller gesperrt.

Gesundheitstest sollten vor dem Deckakt sowohl beim Kater als auch bei den weiblichen Tieren durchgeführt werden. Genaue Details über die erforderlichen prophylaktischen Maßnahmen erteilt von Fall zu Fall der Tierarzt.

Deckkater und Berufstätigkeit

Da es tatsächlich erforderlich sein kann, einen potenten Kater separiert vom restlichen Katzenbestand zu halten, lassen sich Deckkaterhaltung und Berufstätigkeit nur schwer miteinander vereinbaren. Man sollte täglich mindestens zwei bis drei Stunden erübrigen können, in denen man sich voll und ganz dem Kater widmet, damit er nicht allzu sehr unter seinem abgeschiedenen Dasein leidet und seelisch verkümmert. Wer den ganzen Tag über zu Hause beschäftigt ist, hat es leichter und kann zwischendurch immer einmal ein Schmusestündchen mit dem Kater einlegen.

Kastrierte Kumpel

Manchmal erweist sich auch die Gesellschaft eines kastrierten Katers als optimale Alternative und zusätzliche Kurzweil, wenn der Deckkater separiert werden muss. Steht ein Deckakt ins Haus, sollte der Kastrat allerdings vorübergehend umquartiert werden, damit es zwischen den Katern nicht zu aggressiven Auseinandersetzungen kommt. Nach vollzogener Deckung kann die Männerfreundschaft in der Regel problemlos fortgesetzt werden. Manchmal sind solche „Kerle" unzertrennlich. Und der Deckkater leidet nicht unter mangelndem Sozialkontakt.

Die Katze begibt sich in Position. Gleich geht es rund.

Der Nachwuchs ist gesichert.

Unsere Katze ist trächtig

Ungefähr drei bis vier Wochen nach der Katzenhochzeit kann man erkennen, ob die „heiße Liebesnacht" Früchte tragen wird oder nicht. Reifen im Bäuchlein der Katzendame tatsächlich winzige Mäusefänger heran, verfärben sich nun allmählich die Zitzen rosa und richten sich merklich auf. Um die Zitzen herum bildet sich das flauschige Fell langsam zurück, damit sich die hungrige Schar später auch problemlos dem Milchgenuss hingeben kann.

Die Größe der Föten beträgt in der dritten bis vierten Woche circa 2,5 Zentimeter, und zu diesem Zeitpunkt wird die schnelle Wachstumsphase eingeläutet. Trächtige Katzen verweilen 63 bis 65 Tage im Zustand werdender Mutterschaft. Manchmal verlängert sich die Trächtigkeit auch um zwei bis drei Tage. Solange die Mutterkatze wohlauf ist, mit Appetit frisst und keine Verhaltensauffälligkeiten zeigt, ist meistens alles in Ordnung. Zögert sich der Geburtstermin jedoch zu sehr hinaus, muss eventuell an eine Wehenspritze oder an einen Kaiserschnitt gedacht werden.

Anhänglicher denn je

Eine Trächtigkeit verläuft individuell, aber dennoch gibt es einige Veränderungen, die sich bei fast allen werdenden Katzenmüttern beobachten lassen. Eine zunehmende Anhänglichkeit an die Bezugspersonen gehört sicherlich dazu. Handelt es sich um einen Freigänger, werden die Ausflüge merklich kürzer. Am liebsten hält sich der trächtige Stubentiger ganz in der Nähe des sicheren Hauses auf.

Wenn sich die Kleinen an der Milchbar bedienen, sind die Mühen der Trächtigkeit vergessen. Jedes der Kätzchen hat sich eine Zitze ergattert.

Kätzchen werden sehr schnell selbstständig.

In der letzten Trächtigkeitsphase verlassen manche Freigänger nicht mehr das Haus. Es gibt allerdings auch das genaue Gegenteil: Katzen mit einer schwachen Bindung an Menschen, suchen sich während der Trächtigkeit draußen ein Versteck, in dem sie ihren Nachwuchs unbeobachtet zur Welt bringen können.

Ab der fünften Trächtigkeitswoche ist mit einer beträchtlichen Umfangserhöhung des Bauches zu rechnen. Die Katzenmutter sollte nun keine zu tollkühnen Sprünge mehr wagen oder aus großer Höhe herabstürzen. Solche Zwischenfälle können den Föten das Leben kosten und zu einer Fehlgeburt führen.

Hier soll es sein!

Ein weiteres zentrales Thema der Trächtigkeit ist die Frage, wo das aufregende Erlebnis der Geburt vonstatten gehen soll. Sie sollten Ihrer Katze ein steriles Lager anbieten, auf dem sie in aller Ruhe ihre Kätzchen zur Welt bringen kann. Ein mittelgroßer Pappkarton oder eine Holzkiste Marke Eigenbau (Maße circa 30 x 50 Zentimeter) erweisen sich meist als gute Grundlage für eine katzenfreundliche Wurfkiste. Die Kiste darf nicht zu klein sein, weil es sich die Katze bequem machen können soll, allerdings ist eine überdimensionierte Größe ebenfalls fehl am Platz, da es von Vorteil ist, wenn sich der Vierbeiner bei der Geburt mit dem Rücken gegen eine Wand abstützen kann.

Die Kiste wird mit mehreren Schichten Zeitungspapier ausgelegt, die wiederum mit einem sterilen Laken abgedeckt werden. Hierfür können Sie Leinentücher verwenden, die nach dem Trocknen sofort so heiß wie möglich gebügelt werden, weil so eine relativ große Keimfreiheit erzielt wird. Nun wird für die Wurfkiste ein ruhiger, zugfreier Ort gesucht, an dem sich die Katze sicher und geborgen fühlt. Dort kann die Katzenmutter in aller Ruhe ihre Jungen zur Welt bringen.

Nahrung

Wer glaubt, eine trächtige Katze müsse während der Trächtigkeit für fünf oder sechs Kätzchen mitfressen, irrt gewaltig. Ihr Körper benötigt nun zwar besonders nährstoffreiche Substanzen, aber keine belastend großen Mengen.

Es kann vorkommen, dass die werdende Katzenmutter größeren Appetit verspürt als sonst: Dem kann man am besten begegnen, indem man ihr mehrere kleinere Portionen über den Tag verteilt vorsetzt und viel eiweißreiches Futter verwendet. Gut geeignet sind:

- mageres Frischfleisch
- Quark oder Kefir
- Eigelb
- Getreideflocken
- Vitaminpräparate

Im Fachhandel finden Sie allerdings auch fertig zubereitete, hochwertige Nahrung für trächtige Katzen vor.

Die Katzengeburt

Der große Tag rückt immer näher. Der Katzenbauch rundet sich zusehends. Die trächtige Katze erreicht ungeahnte Ausmaße. Allmählich schwellen auch die Zitzen an. Nun ist es bald so weit: Die Geburt der Kätzchen steht ins Haus. Auf diesen Moment warten selbst erfahrene Züchter mit Herzklopfen. Jetzt kann noch jede Menge schief gehen. Aber meistens läuft alles glatt und man darf sich über eine wunderschöne Nachzucht freuen.

Ungefähr am 65. Tag nach dem Deckakt ist mit der Ankunft der Kleinen zu rechnen. Abweichungen von mehr als einer Woche (nach unten und nach oben) sind keine Seltenheit. Die Natur hält sich nicht immer genau an menschliche Rechnungsvorgaben. Verzögert sich die Geburt allerdings um mehr als eine Woche, sollte man vorsorglich einen Tierarzt konsultieren. Kätzchen, die nach dem 71. Trächtigkeitstag das Licht der Welt erblicken, sind wesentlich größer als im Normalfall und können eventuell bereits abgestorben sein. Kitten, die vor dem 58. Trächtigkeitstag geboren werden, sind meistens unterentwickelt und somit nicht lebensfähig. Im Zweifelsfall sollten Sie sich vom Tierarzt beraten lassen. Er weiß, was zu tun ist.

Die erste Wehenphase

Die erste Wehenphase kann sich über Stunden hinziehen. In dieser Zeit öffnet sich der Gebärmutterhals, und allmählich setzen Kontraktionen der Gebärmutter ein, die man als Wehen bezeichnet. Die Katzenmutter wirkt angespannt und horcht aufmerksam in sich hinein. Ihre Atmung geht schneller und schwerer – dennoch schnurrt sie. Vielleicht läuft sie unruhig hin und her oder scharrt ratlos in der Katzentoilette. Der Katzenbesitzer sollte sie beruhigen und in die vorbereitete Wurfkiste locken. Flecken auf dem sterilen Laken der Wurfkiste sind ein Anzeichen für das Ende der ersten Wehenphase. Es handelt sich hierbei um Fruchtwasser mit etwas Blut.

Gesunde Kätzchen lassen das Züchterherz höher schlagen.

Die zweite Wehenphase

Die zweite Wehenphase sollte im Idealfall nur 10 bis 15 Minuten dauern – keinesfalls mehr als anderthalb Stunden. Die Mutterkatze beginnt, die in immer kürzeren Abständen einsetzenden Wehen mit gezieltem Pressen zu unterstützen. Nun wissen wir, dass sich ein Kätzchen im Geburtskanal befindet.

Nun dauert es nicht mehr lange, bis eine grau-schwarze Masse erscheint, die zu der das Kitten umgebenden Fruchtblase gehört. Nun treten die Presswehen alle 15 bis 30 Sekunden auf, die Fruchtblase tritt weiter hervor, und endlich wird das Kätzchen geboren.

Die Endphase

Kurz nach der Geburt des Kittens folgen die Nabelschnur und die Nachgeburt. Jedes einzelne Kätzchen hat seinen eigenen vollständigen Geburtsvorgang mit einer eigenen Nabelschnur und einer eigenen Plazenta. In seltenen Fällen entwickeln sich auch zwei Kätzchen in einer Fruchtblase.

Versorgung des Neugeborenen

Die Mutterkatze beginnt unmittelbar, das neugeborene Kätzchen sauber zu lecken, und natürlich muss auch die Nabelschnur durchtrennt werden. Sie wird die Nabelschnur instinktiv circa zwei bis vier Zentimeter weit vom Nabel entfernt abbeißen.

Ob die Mutterkatze die Nachgeburt fressen darf oder nicht, ist eine Gewissensfrage. Bei manchen Tieren kann der Verzehr der Plazenta angeblich zu Verdauungsstörungen führen. In der Regel verträgt die Mutterkatze den Mutterkuchen allerdings gut und die Nachgeburt soll sogar eine stärkende Wirkung haben, weil sie wichtige Nährstoffe und Vitamine enthält.

Der Abstand bis zur Geburt des nächsten Kittens kann fünf Minuten bis zwei Stunden betragen. Es gibt allerdings auch Katzen, die erst ein oder zwei Kitten zur Welt bringen und sich dann 12 bis 24 Stunden ausruhen, bevor erneute Presswehen einsetzen. Im Zweifelsfall sollte man sich vorsorglich an seinen Tierarzt wenden. Eventuell besteht eine Komplikation, die vom Fachmann behoben werden muss.

Schon bald werden die Kätzchen die ersten eigenen Schritte wagen.

Beim Spiel mit den Wurfgeschwistern werden die Kräfte erprobt.

Service

Büchertipps für Katzenfreunde

Bailey, Gwen: **Was denkt meine Katze.** Katzenverhalten auf einen Blick.
Anhand von zahlreichen Fotos erklärt Verhaltensforscherin Gwen Bailey typisches Katzenverhalten. So lernen Sie die Gedanken Ihrer Katze zu „lesen" und sie noch besser zu verstehen.

Brehmer, Marion: **Bachblüten für die Katzenseele.** Alle Blüten und Mischungen für Gesundheit, Ausgeglichenheit und Wohlbefinden. Mit Analysebogen.
Launische Mieze, Panik beim Tierarzt oder Streit mit dem Katzenkumpel? Bach-Blüten können bei unerwünschtem Verhalten wesentlich zur Besserung und Lösung des Problems beitragen und haben einen positiven und ausgleichenden Einfluss auf Persönlichkeit und Gemütszustand der Katze.

Lauer, Isabella: **Populäre Irrtümer über Katzen.** Warum die Katzenwäsche für die Katz' ist und uns mit Kater der Morgen graut.
Warum eine Katzenwäsche für die Katz ist, man mit einem Katzensprung keine Maus fängt und Katzenzungen nicht süß schmecken. Von Catwalking, Cats und Catchen, Haarsträubendem und Unerklärlichem über Katzen und von kleinen Wahrheiten über Katzen, die bisher gut verborgen waren: Isabella Lauer geht verbreiteten Legenden, Vorurteilen und Alltagsirrtümern auf den Grund und schildert auf vergnügliche Weise, wie es zu ihrer Entstehung kam. Ein Lesespaß für Katzenfreunde.

Leyhausen, Paul: **Katzenseele.** Wesen und Sozialverhalten.
Prof. Paul Leyhausen gilt als der Experte, wenn es um Katzen geht. Mehr als 40 Jahre hat er Katzen und ihre frei lebenden Verwandten erforscht. In diesem Buch beschreibt er das Verhalten unserer Katzen wissenschaftlich fundiert und verständlich zugleich.

Metz, Gabriele: **Katzenrassen.** Alle Rassen und alle Farben.
Von Maine Coon bis Perser, von Ragdoll bis Sokoke - alle im Dachverband FIFe gezüchteten Katzenrassen und ihre Farbschläge werden vorgestellt. Mit stimmungsvollen Fotos und ausführlichen Beschreibungen zu Ursprung, Charakter und Erscheinungsbild der Rassekatzen.
Kompakt, übersichtlich und kompetent – zum Nachschlagen, Schmökern und zur Auswahl des richtigen Hausgenossen.

Seidl, Denise: **Mit Katzen leben.** Richtig pflegen, füttern und beschäftigen.
Katzen haben viele Seiten: Sie wollen spielen, jagen, streunen und genießen. Um dem gerecht zu werden, findet man in diesem Buch alles, was eine Katze glücklich macht: Fütterungstipps und Pflegehinweise, tolle Spielideen, Wohlfühlparadiese und Katzen-Agility.

Seidl, Denise: **Wenn meine Katze Probleme macht.** Katzenverhalten verstehen, Probleme lösen.
Sie schärft die Krallen an der Couch, sie „jagt" Füße statt Mäuse und verfehlt gezielt die Katzentoilette? Tierpsychologien erklärt die Ursachen für diese „Macken" und hilft, das Verhalten Ihrer Katze wieder in die richtigen Bahnen zu lenken.

Turner, Dennis C.: **Turners Katzenbuch.** Wie Katzen sind, was Katzen wollen – Der Weg zu einer glücklichen Beziehung.
Ein umfassendes Werk, dass jeden Halter mit zahlreichen Fakten, praktischen Tipps und kuriosen Eigenarten der geliebten Samtpfoten in Staunen versetzt, besseres Verständnis für manche Verhaltensweisen weckt und den Weg für eine rundum harmonische Beziehung zwischen Mensch und Katze bereitet.

Zeitschriften & Nützliche Adressen

Zeitschriften

Geliebte Katze
Gong-Verlag
Ismaning

Katzenmagazin
Roro-Press-Verlag
CH-Dietlikon

Our Cats
Minerva-Verlag
Mönchengladbach

Nützliche Adressen

1. Deutscher Edelkatzen-Züchterverband e.V. (DEKZV)
Berliner Str. 13
35614 Asslar
www.dekzv.de

Deutsche Edelkatze e.V.
Geisbergstr. 2
45139 Essen
www.deutsche-edelkatze.de

Österreichischer Verband für die Zucht und Haltung von Edelkatzen e.V. (ÖVEK)
Liechtensteiner Str. 126
A-1090 Wien
www.oevek.at

KNÖ – Klub der Katzenfreunde Österreichs
Castellezgasse 8/1
A-1020 Wien
www.kkoe.org

Federation Feline Helvetique (FFH)
Solothurner Str. 83
CH-4053 Basel
www.ffh.ch

Catsitter-Clubs

Verein Deutscher Katzenfreunde e.V.
Silberberg 11
22119 Hamburg

Register

Bildnachweis / Impressum

Bildnachweis

Alle Farbfotos wurden von Gabriele Metz aufgenommen. Weitere Fotos von Juniors Bildarchiv (1; S. 17), Peter Oppenländer (21; S. 30 u., 31 beide, 37 beide, 44 u., 65 u., 69 u., 74 beide, 75 beide, 92 u., 93 beide, 97 alle drei, 102 u., 103 u., 122 u.), Ulrike Schanz (4; S. 16 beide, 26–27, 73 u.) und Horst Streitferdt/Kosmos (2; S. 63 beide)

Impressum

Umschlaggestaltung von eStudio Calamar unter Verwendung von drei Farbfotos von Ulrike Schanz (Umschlagvorderseite) und Gabriele Metz (Umschlagrückseite)

Mit 248 Farbfotos.

Unser gesamtes lieferbares Programm und viele weitere Informationen zu unseren Büchern, Spielen, Experimentierkästen, DVDs, Autoren und Aktivitäten finden Sie unter **www.kosmos.de**

Gedruckt auf chlorfrei gebleichtem Papier

ISBN 978-3-440-10833-8
Redaktion: Alice Rieger
Gestaltungskonzept: Sven Melchert / Mark Emmerich
Produktion: Eva Schmidt
Printed in Germany / Imprimé en Allemagne